En un lugar de la ciencia...

Ilustraciones de portada e interiores: Sergio Neri
Diseño de portada e interiores: Bredna Lago

Bajo el sello editorial PLANETALECTOR M.R.
Avenida Presidente Masarik núm. 111,
Piso 2, Polanco V Sección, Miguel Hidalgo,
C.P. 11560, Ciudad de México
www.planetadelibros.com.mx

Primera edición impresa en México: agosto de 2021
ISBN: 978-607-07-7924-4

LUIS JAVIER PLATA ROSAS

En un lugar de la ciencia...

Un científico explora los clásicos

ILUSTRACIONES DE

SERGIO NERI

“... no se leen los clásicos por deber o por respeto, sino sólo por amor. Salvo en la escuela: la escuela debe hacerte conocer bien o mal cierto número de clásicos entre los cuales (o con referencia a los cuales) podrás reconocer después ‘tus’ clásicos...”

Italo Calvino, *Por qué leer los clásicos*

Índice

Introducción 12
La rata de laboratorio y el ratón de biblioteca 13

Griegos y romanos: En todo rigor, literatura clásica

La Ilíada y *La Odisea*: Homero y sus epopeyas médica y astronómica 18
Una revisión traumática de *La Ilíada* 20
El gigantismo ciclópeo 28
El eclipsante día de la muerte de los pretendientes de Penélope 32

Edipo rey: Sófocles y la trágica epidemia edípica de Tebas 38
El ataque de los microbios asesinos 43

La Eneida: Virgilio y los estilos eruptivos del inframundo 47
Erupción leve y los respiraderos de almas dolientes 50
Erupción moderada y la morada de Caco 52
Erupción vigorosa y los cíclopes herreros 55
Erupción violenta y el Vesubio ausente 56

El cuarteto canónico: Los más grandes clásicos en cuatro lenguas

La divina comedia: Dante y una cosmografía patológica, geológica y física 60
Infierno de la Patología 62

Primera sala: Sarna 62
Segunda sala: Epilepsia 64
Tercera sala: Narcolepsia 66
Cuarta sala: Enfermedades muscoesqueléticas 70
Purgatorio de la Geología 72
Primer campo: Geomorfología 72
Segundo campo: Sismología 73
Paraíso de la Física 76
Primera esfera: Gravitación 76
Segunda esfera: Óptica 78

El *ingenioso hidalgo don Quijote de la Mancha*:
Cervantes y mentes insanas y estratégicas en juego 80
Detrás del hilarante Don Quijote, un delirante
Alonso Quijano 81
Autometamorfosis quijotil 84
Megalomanía quijotesca 85
Hipomanía quijotizada 86
Quijotería bipolar 88
Erotomanía quijoteriana 89
El Caballero de la Triste y Famélica Figura 90
El Caballero de los Cuerpos de Lewy 92
Estrategias sanchopancistas y teoría de juegos 96

El *sueño de una noche de verano* y *La tempestad*:
Shakespeare y climáticos clímax en escena 103
Tiempos de ecofobia y de naturaleza corrupta 106
Humores y climas shakespearianos 109
Pesadilla apocalíptica de una noche de verano 112
Brujas y hechiceros tormentosos 114
Medida por medida: termolingüística, entropía
y complejidad 116

Fausto: Goethe y endiablados desarrollos
y neurodesarrollos sostenibles o hiperactivos 119
Un proyecto costero de los mil demonios 122
Las eufóricas diabluras de Euforión 127

Cien años (siendo estrictos, un poco más) de intemporalidad: Novelas clásicas con estilos cada vez menos clásicos

Orgullo y prejuicio: Austen y madres, amantes y sus quebraderos de cabeza 134
Estrategias de apareamiento y persuasión sexual.... 138
Madres y amantes en Austenlandia 143
¿*Sensatez y sentimiento*, o sentido (neurológico) y sensibilidad (craneal)? 147

Los *miserables* y *Nuestra Señora de París*: Víctor Hugo y las miserias de alcantarilleros y campaneros parisinos 151
Un horror insuperable: el gas de alcantarilla y la Gran Mortandad....156
Diagnósticos cuasicerteros de la enfermedad de Quasimodo 159

Moby Dick: Melville y un periplo matemático y un naufragio frenológico 164
La extracción del problema de la marmita 169
Cuatro matemáticos a bordo del Pequod 172
Cuando a Melville la craneología del cachalote le pasó por la cabeza....178

Las olas: Virginia Woolf y experimentos científicos y literarios de identidad dual....182
Sobre algunas particularidades de la mecánica cuántica y de las olas que de ellas hizo Woolf 187

Cien años de soledad: García Márquez y los olvidos de un insomnio y la inmortalización de un clásico 195
Remedios macondianos contra la demencia semántica....198
Cómo se hace un clásico en menos de cien años 202

Ciencia y literatura entre comillas 209
Epílogo....219

INTRODUCCIÓN

Clásico. Un libro que la gente alaba y no lee.
Mark Twain, *Viaje alrededor del mundo siguiendo el Ecuador*

Hace mucho, mucho tiempo, en el siglo pasado, cuando estudiaba en la escuela y mi maestra o maestro de Español o de Literatura en turno nos dejaba leer un clásico (por entero o en partes), por lo general me saltaba toda introducción que lo acompañara, sin importar que fuera del autor del libro o de algún sesudo estudioso de la obra.

Actualmente agradezco el esmero de quienes escriben las introducciones, reconozco que por lo general son bastante útiles y, en consecuencia, las leo, con excepción de aquellas que, gargantuescas en su extensión, compiten con el texto al que anteceden.

Con esto en mente, decidí mejor escribir un pequeño cuento que exponga brevemente de qué trata este libro:

La rata de laboratorio y el ratón de biblioteca

Una rata de laboratorio (*Rattus cientificus*) era amiga de un ratón de biblioteca (*Mus bibliotecarius*). Cansada de recorrer laberintos, accionar palancas, comer dietas modificadas y no tener privacidad ni durante sus encuentros románticos con otras ratas, la laboriosa ratita decidió pasar unos días con su compinche roedor.

Una vez en la biblioteca y después de disfrutar de una sopa de letras preparada por el ratón, éste dijo a su amiga: "¿Por qué no aprovechamos tu visita para leer y releer algunos clásicos? Más tardó en hablar así que en saltar a los estantes para alcanzar a su amiga un libro por aquí, otro libro por allá... y así por varios días en los que la rata de laboratorio, que de ciencia algo sabía, aprovechó para examinar, desde su muy especial perspectiva científica, el canon literario que poco a poco iba formándose bajo la guía del ratón de biblioteca.

En cada verso que recitaban y en cada página que volteaban, nuestro dúo científico/literario disfrutaba con viajes infernales y casamenteras celestiales, se aventuraba en epopeyas balleneras y macondianas, se enloquecía con personajes edípicos y cervantinos... y la rata no podía dejar de hallar alusiones a cuestiones de química y biología, de geología y medicina, de física y astronomía...

"Amigo mío", dijo excitada ella, "¿qué te parece si organizamos un ciclo de seminarios para, más que roer, discutir e hincarle el diente a la ciencia en la literatura?"

"Amiga mía", respondió él, "se equivoca quien dice que *La rata y el ratón nunca son de la misma opinión*, pero no quien dijo *Acogí a la rata en mi librero y tornóseme buen cuentero*. ¿Qué esperamos? ¡A trabajar!

Y eso hicieron. Y al llegar el otoño habían reunido material suficiente para escribir una obra que, celosas de su privacidad y en nada parecidas a cierta ratita presumida de otra historia, decidieron dar a conocer en el planeta con ayuda de un divulgador...

... que estará muy contento si aún siguen aquí. Hay libros enteros que hablan sobre lo que es un clásico, y uno bastante recomendable es aquel de donde copié la cita de Ítalo Calvino que abre el aquí presente[1]. Sólo añadiré dos cosas:

1. Para elegir los títulos que aquí incluí tuve dos criterios: el primero de ellos, bastante arbitrario, el aconsejado por el mismo Calvino; el segundo, que lo que sobre ciencia traté en ellos proviniese de observaciones o experimentos descritos en artículos publicados en revistas científicas.
2. La literatura y la ciencia son parte de nuestra cultura, y la cultura popular aprovecha esto para hacer continuos guiños a una y otra, sobre todo en lo que a entretenimiento se refiere. Que Homero, Sófocles, Virgilio y compañía no son letra muerta lo atestiguamos diariamente fuera del salón de clases, de las universidades y de los laboratorios, cada vez que vemos una película que, por más que pretenda ser "moderna" u "original", presenta, de manera abierta o velada, la influencia de los clásicos. Como muestra, me aproveché en cada capítulo de varias citas que hacen referencia a los libros seleccionados, provenientes de películas, series de televisión y celebridades contemporáneas y no tanto. Añadí al final, además, una sección en la que científicos y escritores hablan de las mutuas influencias entre ciencia y literatura.

Bienvenidos, y que sus lecturas sean placenteras.

1 No se arrepentirán si quieren leerlo antes, después o junto con el mío. Como tampoco espero que lo hagan si leen las notas a pie de página que, además de la literatura científica necesaria para quien desee verificar o profundizar en cada tema, están esparcidas por todas las páginas como comentarios que esperan aportar algo sin restar fluidez a lo que presento en el texto principal. Si no quieren leerlas no pasa nada. O eso creo.

Griegos y romanos

EN TODO RIGOR, LITERATURA CLÁSICA

LA ILÍADA Y LA ODISEA

HOMERO Y SUS EPOPEYAS MÉDICA Y ASTRONÓMICA

Héctor (Eric Bana): Hablas de la guerra como si fuera un juego. ¿Pero cuántas esposas esperan a las puertas de Troya por esposos que jamás volverán a ver?
Aquiles (Brad Pitt): Quizás tu hermano pueda confortarlas. He escuchado que es bueno cautivando a las esposas de otros hombres.
Troya (*Troy*, 2004)

"Canta, oh diosa, la cólera del Pelida Aquiles..." Si este íncipit, junto con todos los diálogos que Homero puso en boca de dioses y héroes, en nada se parece a lo que escuchamos en la pantalla grande o chica, es una muestra de cómo, por más impresionantes que sean las acciones que vemos en la pantalla, por increíbles que sean los efectos visuales, por excelsas que sean las actuaciones de las estrellas de Hollywood, nada puede salvar a una pésima adaptación de un clásico. Pero hay un lugar en el Hades para los guionistas que traicionan a los grandes poetas y escritores[1].

Pero, tratándose de Homero, no hay traición alguna cuando el poeta describe el cielo bajo el cual navegó Odiseo en su regreso a Ítaca o las heridas sufridas por los combatientes en Troya, pues lo hace de la manera tan detallada y precisa que habría usado —seguramente con atributos mucho menos poéticos— un astrónomo o un cirujano de la antigua Grecia, lo que ha llevado a lectores modernos, con formación en una u otra ciencia, a querer reconocer en Homero a un colega.

1 Varios siglos separan a *La Ilíada* de *Canción de hielo y fuego* —saga fantástica de George R.R. Martin, mejor conocida por *Juego de Tronos*—, pero hay una desgracia que las une y que es peor que ver caer la muralla troyana en la primera o El Muro de hielo en la segunda: David Benioff, guionista responsable de destrozar, en mi opinión, una historia de alta fantasía y, peor todavía, una de las más grandes epopeyas de la historia de la humanidad.

Si hubiera hablado sobre animales y plantas, no faltaría quien asegurase —ni le faltaría razón— que el poeta era naturalista o protobiólogo... Mejor aprovechemos que, al igual que varios de los escritores con que nos iremos encontrando durante nuestra exploración científica por territorios literarios, Homero registró con detalle y precisión información médica y astronómica que, a manera de una arqueología literaria, ha sido examinada mediante la excavación sistemática de cada línea (mejor dicho: de cada hexámetro) de cada canto de *La Ilíada* y *La Odisea*.

Una revisión traumática de *La Ilíada*

—¿Qué libro estás leyendo?
—*La Ilíada.*
—Ese es un buen libro. Grandes batallas.
Duro aprendizaje (*Higher Learning*, 1995)

Durante los 24 cantos de La Ilíada compuestos por homero entre los años 800 y 700 a.C. y que describen acontecimientos ocurridos 5 o 6 siglos atrás, durante el sitio de Troya (o Ilión, de ahí el nombre de Ilíada) y la guerra entre aqueos (palabra que en los poemas homéricos designa a todos los griegos) y troyanos, Homero no escatimó a la hora de darnos informes médicos pormenorizados de heridas y traumatismos[2] sufridos por integrantes de uno y otro bando. No es

2 Traumatismo, entendido aquí como toda lesión producida de manera brusca por algún agente externo a nuestro organismo. Por ejemplo, flechas, lanzas, espadas y rocas, todas abundantes en *La Ilíada*.

exagerado sospechar, como han argumentado diferentes investigadores, que el poeta tuvo un entrenamiento como médico militar si, además de considerar la abundancia de estas menciones (lo que no es raro, dado el tema bélico), tomamos en cuenta la exactitud de sus descripciones anatómicas, a las que es común que añada los mecanismos de diferentes tipos de lesiones y sus complicaciones médicas[3].

El primero en contar el total de lesiones registradas por Homero en *La Ilíada* fue Hermann Frölich, autor de un libro que desde su publicación en 1879 es citado toda vez que alguien escribe sobre esta asociación traumatológica (no podía ser esta la excepción): *Die Militärmedicin Homer's*[4]. Desde entonces, y dependiendo de la traducción en que se basan, el número de lesiones varía, pero en ninguno de los casos es menor de cien durante un número similar de combates, e incluyen, por ejemplo: 48 lesiones craneomaxilofaciales (CMF), 26 traumas pectorales, 54 torácicos, 25 de las extremidades superiores y 103 muscuesqueléticos. Con el muy particular y reconocible estilo de la redacción científica, los autores de uno de estos estudios señalan: "la extraordinaria descripción de las lesiones CMF nos lleva a la conclusión de que la anatomía de la cabeza y el cuello era bastante bien conocida en aquellos tiempos muy antiguos, ya que los héroes y los

3 De ser correcta la hipótesis, Homero habría sido colega de Macaón y Podalirio, "hijos de Asclepio [dios griego de la medicina] y excelentes médicos" militares mencionados en el segundo canto de La Ilíada y que formaban parte del ejército aqueo.

4 *La medicina militar de Homero*, quizá nunca publicado en español. Algunos clásicos de la divulgación científica corren (más bien, cojean) con mucha menos suerte que los literarios.

guerreros de *La Ilíada* sabían exactamente dónde golpear para alcanzar un resultado letal[5]".

La revisión más minuciosa y reciente de todos los traumatismos mencionados por Homero tanto en *La Ilíada* como en *La Odisea* es obra de un paisano suyo, Nikitas Nomikos, quien en 2018 enlistó, verso por verso y canto por canto, la parte del cuerpo donde había sido infligida la herida, qué la había causado y durante qué actividad (sí, 93.68% de las veces se trata de heridas de guerra, pero hay 6 casos debidos a otras causas[6]). Nomikos obtuvo una cifra de 190 traumatismos, de los cuales el mayor porcentaje de mortalidad corresponde a heridas de guerra sufridas en la cabeza. Para el médico griego autor de este censo, la escena más cruenta y digna de una película de Tarantino (*¿Erase una vez en Troya?*) tiene como estrella a esta región corporal y es aquella en la que el rey Agamenón mata a Oileo:

> "... derecho en el entrecejo con la aguda lanza pinchó y el morrión no le contuvo la lanza, pesado de bronce, mas a través de él pasó y del hueso, y sus sesos dentro todos se salpicaron..."

Reducir al mínimo la posibilidad de que les batieran los sesos con una lanza era, rigurosamente hablan-

5 Mylonas, A.I., 2003, Contemporary medical views aged 3000 years, *Hellenic Arch. Oral Maxillofac. Surg.*; 4:53e64. El artículo está en griego, pero las conclusiones citadas pueden verse en: Galanakos, S.P., Bot, A.G.J., y Macheras, G.A., 2014, Pelvic and lower extremity injuries in Homer's Iliad: A review of the literatura, *Journal of Trauma and Acute Care Surgery*, 78(1), 204-208.

6 Nomikos, N., 2018, Injuries in the Greek epics of Homer, *Chinese Journal of Traumatology*, 21, 109-112.

do, un asunto de vital importancia para griegos y troyanos, y por eso, una de las medidas tomadas por los combatientes para evitar estas lesiones fue el uso de yelmos protectores. Estas partes de la armadura eran tan imprescindibles en la batalla como hoy son los cascos para los jugadores de la NFL en los entrenamientos; en cada uno tienen la esperanza de evitar el desarrollo de encefalopatía crónica traumática gracias al casco (ECT)[7].

Lo de menos era que héroes como Héctor, "el de tremolante casco", usara un yelmo "de tres dobleces"; otros, un casco "de cuatro abolladuras"; Aquiles, "un sólido casco, hermoso, labrado, de áurea cimera casco", y Ulises, "un casco de piel que por dentro se sujetaba con muchas y fuertes correas y por fuera presentaba los blancos dientes de un jabalí, ingeniosamente repartidos, y tenía un mechón de lana colocado en el centro". Tampoco importaba que los yelmos tuviesen correas "hechas del cuero de un buey degollado" o un "penacho de crines de caballo", pues de las 87 menciones a esta protección, presentes en todos los

7 Enfermedad neurodegenerativa debida a repetidos golpes en la cabeza. Entre otros estudios, en 2017 una evaluación de 202 cerebros donados por jugadores de futbol americano de la NFL y de su homóloga canadiense mostró que el 87% de ellos podía ser diagnosticado con ECT. La posible relación causal entre jugar profesionalmente futbol americano y desarrollar ECT es tema central de la película *La verdad oculta* (2015): Mez, J., Daneshvar, D.H., Kiernan, P.T., Abdolmohammadi, B., Alvarez, V.E., Huber, B.R., Alosco, M.L., Solomon, T.M., Nowinski, C.J., McHale, L., Cormier, K.A., Kubilus, C.A., Martin, B.M., Murphy, L., Baugh, C.M., Motenigro, P.H., Chaisson, C.E., Tripodis, Y., Kowall, N.W., Weuve, J., McClean, M.D., Cantu, R.C., Goldstein, L.E., Katz, D.I., Stern, R.A., Stein, T. y McKee, A.C., 2017, Clinicopathological evaluation of chronic traumatic encephalopathy in players of American football, JAMA, 318(49, 360-370.

cantos de *La Ilíada* con excepción de tres (I, IX y XXIV), y sin importar el material del casco o si se trataba de griegos o troyanos, tan sólo en 17.9% de los encuentros violentos hubo un efecto benéfico.

Dicho de otra forma y según el neurocirujano Christian Swinney[8]: en 5 de 29 casos los cascos evitaron que su portador recibiese un golpe letal (lo que significa que su efectividad fue de tan sólo el 17.9%), y nueve de cada diez guerreros que resultaron heridos en la cabeza durante un combate murieron, sin importar que la causa de la herida fuera una lanza clavada en la cabeza, un tajo en una sien con una "gran espada tracia" o hasta una pedrada (aunque habría que ver el tamaño de la piedra[9]).

A pesar de la baja protección que garantizaba, nadie pone en duda ni ahora ni en esos siglos tan distantes que usar casco era mejor que nada; y si no, que le pregunten al pobre de Polifemo, quien al ser cegado por Odiseo nos dio el primer registro escrito de una lesión traumática ocular. El valor de un yelmo en *La Ilíada* trasciende por mucho al de un simple elemento de seguridad. Swinney observa que la mayoría de las referencias a los cascos en *La Ilíada* corresponden a situaciones no beligerantes, y un indicador de la importancia cultural que los antiguos griegos daban a los yelmos es que se recurre a ellos como epítetos, en

8 Swinney, C., 2016, Helmet use and head injury in Homer's *Iliad*, *World Neurosurgery*, 90, 14-19.

9 Ayante Telamonio, "el primero que mató a un hombre" durante el sitio, arrojó una piedra que había dentro del muro troyano a Epicles y con ello "rompióle el casco de cuatro abolladuras y aplastóle los huesos de la cabeza", lo que no es sorprendente si, por ejemplo, la roca era del tamaño y peso de la loza del Pípila.

descripciones físicas, para identificar héroes y deidades ("Atenea se puso el casco de Hades para que el furibundo dios [Ares] no la conociera") y hasta como lugares en los que el azar interviene para decidir el futuro ("Echaron dos suertes en un casco de bronce, y, agitándolas, salió primero la de Teucro").

Dado que el cuello estaba más descubierto, era de esperarse que las lesiones en la región cervical estuviesen entre las más citadas en *La Ilíada*, con un total de 26. En otra escena al estilo de *Celebrity Deathmatch* (¿alguien recuerda ese programa de lucha de *claymotion*, plastinación o animación con plastilina, transmitido por MTV?, ¿y alguien recuerda a MTV?), tenemos en la esquina de los troyanos a Dolón, y en la esquina de los griegos a Diomedes. A este último, o no lo conmovió que "Dolón iba, como suplicante, a tocarle la barba con su robusta mano", o no soportaba que nadie le agarrara la barba, pues "de un tajo en medio del cuello, le rompió ambos tendones; y la cabeza cayó en el polvo, mientras el troyano hablaba todavía". Lo que la cabeza de Dolón seguía diciendo mientras caía Homero no lo dice, pero quienes dicen que sus hijos adolescentes no pueden ver películas como *John Wick* porque "nunca los dejo ver ni leer nada violento", tal vez necesiten releer al poeta.

Aunque las estadísticas traumatológicas son mucho más bajas en *La Odisea*, ya que el campo de batalla disminuye considerablemente —al abandonar el de una guerra y pasar al que concierne a las batallas personales de Odiseo/Ulises—, cirujanos maxilofaciales identificaron, además de la lesión ocular polifémica, fracturas de cráneo y traumatismos en la columna cervical, la mandíbula, orificios nasales, oídos, frente y garganta[10]. Hay en esta obra un total de 11 lesiones en cabeza y cuello, 9 de las cuales fueron letales, lo que habla por un lado de lo poco protegida y expuesta que estaban una y otra partes corporales, y por otro, de la destreza que tenían Odiseo y los guerreros de esa época con lanza, espada y rocas (nada que ver con los ficticios *Stormtroopers* de *La guerra de las galaxias*, quienes jamás atinaban a sus blancos).

Abundan también en *La Ilíada* y *La Odisea* las lesiones en hombros (25), extremidades superiores (13) e inferiores (12), tórax (34) y abdomen (34), mientras que sólo hay 3 casos de lesiones en la cadera. En la primera epopeya, 109 lesiones fueron causadas por lanzas, 18 por espadas, 16 por flechas y 11 por rocas, y de las 25 lesiones fatales descritas en ella, 15 son debidas a heridas de lanzas (muy lejos, con 6, están las causadas por flechas); en la segunda, 7 lesiones son causadas por lanzas, 4 por espadas y 2 por flechas, por lo que ya sabemos qué arma elegir en unos *Juegos del hambre* al estilo Grecia Antigua.

Fuera de las actividades militares, Homero narra también traumatismos debidos a encuentros pugilísticos (entre los griegos Epeo y Euríalo, en *La Ilíada*; entre Odiseo e Iro, en *La Odisea*) y a accidentes propios del lugar y época, como un aplastamiento de todos los huesos craneales por la caída de un mástil (lo que separó el alma del cuerpo del accidentado y la mandó sin escalas "a la mansión de Hades") o heridas en las extremidades inferiores por ataques de jabalí (acontecidos uno y otras en *La Odisea*).

10 Stathopoulus, P., Ghaly, G.A. y Azari, A., 2016, Injuries to the head and neck in Homer's Odyssey, *Br. J. Oral Maxillofac. Surg.*, 54, 717-718.

Los ya citados hermanos Macaón y Podalirio —jefes de los auxilios médicos aqueos— habrían desmerecido el calificativo homérico de excelencia de no haber implementado, junto con otros guerreros de *La Ilíada* —como Esténelo, Diomedes y Néstor— un manejo de traumatismos que en varios casos es similar al contemplado por la medicina moderna y que, de acuerdo con un equipo de traumatólogos bajo la dirección de Christos Koutserimpas, incluía la extracción de la lanza o de la flecha de la parte del cuerpo donde el enemigo la hundió, el lavado con agua, el vendaje y la aplicación de hierbas analgésicas en las heridas, la desinfección de instrumentos quirúrgicos con agua de mar, el transporte inmediato del herido y su reposo obligado en cama[11].

Gracias a los médicos militares y a la intervención oportuna de Mecisteo y Alástor, quienes en esta epopeya desempeñan el papel de los actuales paramédicos al trasladar a los heridos de regreso al campamento griego para recibir atención médica, en 20 de los 21 casos con manejo de traumatismo documentados por el poeta con alma de cirujano el resultado fue exitoso: la tasa de mortalidad en los heridos tratados, de tan sólo el 5%, fue muchísimo más baja que la del resto de los traumatismos que aparecen en esta obra. En vista de ello, hasta los dioses tenían a Peón, su propio médico de cabecera, que invocaban cada que requerían del manejo de traumatismos divinos.

11 Koutserimpas, C., Alpantaki, K. y Samonis, G., 2017, Trauma management in Homer's Iliad, International Wound Journal, 14(4), 682-684.

El gigantismo ciclópeo

George Harrison: ¡Hey! ¡Ahí hay un cíclope!
Paul McCartney: No puede ser. Tiene dos ojos.
John Lennon: Debe ser un *bicíclope* entonces.
The Beatles, El submarino amarillo (1968)

Homero, siempre tan desinhibido a la hora de explayarse sobre tipo de arma, área anatómica afectada, ángulo de entrada de un arma en el cuerpo y efectos en el equipo protector (coraza, escudo, casco) y en el herido. Homero, quien no escatimó palabras sobre la vivienda ("habitan las cumbres de elevadas montañas en profundas cuevas") y el sistema sociopolítico ("cada uno es legislador de sus hijos y esposas, y no se preocupan unos de otros") de la comunidad isleña de cíclopes con que se topó Odiseo en la obra epónima. Ese mismo y prolijo Homero nos escamotea una mención explícita de lo que sería el rasgo definitorio del cíclope más famoso de la historia: no hay hexámetro alguno en el que nuestros ojos puedan ver que Polifemo y el resto de sus congéneres y descendientes jamás habrían podido disfrutar de una película en 3D por carecer de visión estereoscópica al contar con un solo ojo.

El poeta Hesíodo, en su *Teogonía*, no deja lugar a dudas sobre la anatomía ciclópea: "Y parió también a los Cíclopes de corazón violento, Brontes, Steropes y el valeroso Arges, que entregaron a Zeus el trueno y forjaron el rayo. Y eran en todo semejantes a los demás Dioses, pero tenían un ojo único en medio de la frente. Y se llamaban Cíclopes, porque en su frente se abría un ojo único y circular..."

En contraste, en *La Odisea* asumimos que Polifemo tenía un ojo porque Homero siempre habla de este órgano en singular ("se la clavaron arriba en el ojo", "la estaca de punta de fuego en el ojo del Cíclope", y así por el estilo), y es por ello que, sin abandonar aún terrenos médicos, un equipo de endocrinólogos encabezado por Georgios K. Markantes sospecha que los cíclopes homéricos, a diferencia de los mitológicos, podrían representar humanos cuyas dimensiones monstruosas y cierta característica visual —no estrictamente el que les faltara un ojo— motivaron al poeta a etiquetarlos como tales[12].

Markantes y sus colegas enlistan varias posibles causas del crecimiento extremo de los cíclopes. Unas son hormonales, como un desequilibrio que además provocara obesidad en ellos, una producción excesiva de la hormona del crecimiento o una lipodistrofia generalizada (esto es, acumulación patológica de tejido adiposo). Otras son no hormonales, como los síndromes de Marfan (un trastorno hereditario causado por defectos en un gen, de nombre fibrilina-1, que ocasiona crecimiento excesivo de los huesos largos del cuerpo), Beckwith-Wiedemann (trastorno congénito debido a un defecto en los genes del cromosoma 11) y Simpson-Golabi-Behmel (ocasionado por mutaciones en un gen llamado GPC3; quienes lo padecen son considerablemente grandes al nacer y siguen creciendo de manera acelerada).

12 Markantes, G.K., Theodoropoulou, A., Armeni, A.K., Vasileiou, V., Stratakis, C.A. y Georgopoulos, N.A., 2016, Cyclopes and giants: From Homer's Odyssey to contemporary genetic diagnosis, *Hormones*, 15(3), 459-463.

En síntesis, la lista es larga, y a favor del trabajo detectivesco de Markantes y compañía está que, además de convertirlos en seres gigantescos, la enfermedad sería responsable de plantarles un ojo en medio de la frente, si tomamos a pie juntillas lo que escribió Hesíodo. Eso fue lo que hizo Euterpe Bazoupolou Kyrkanidou, profesor emérito de la Escuela de Odontología de la Universidad de Atenas, quien propuso que Polifemo y los otros miembros de su clan sufrían de ciclopía, una malformación que debe precisamente su nombre a estas criaturas, ya que, al afectar la forma en que la parte frontal del cerebro se divide durante el desarrollo fetal, ocasiona que el bebé nazca con un solo ojo central[13]. Si ningún lector ha visto jamás a alguien con ciclopía no es sólo porque sea rara (ocurre en 1 de cada cien mil nacimientos) o porque la gran mayoría de los fetos con ciclopía ni siquiera llegan a nacer[14]; lo que sucede es que, además de ello, en los escasos sobrevivientes se hace todo lo posible por realizar una cirugía reconstructiva que les evite ser estigmatizados de por vida.

Como para los endocrinólogos encabezados por Markantes "las descripciones disponibles [en *La Odisea*] no son definitivas con respecto al número de ojos", opinan que es posible interpretar médicamente las menciones a un ojo en singular en el sentido de que los cíclopes isleños podrían haber sufrido de una discapacidad severa de su visión lateral, con una vi-

13 Bazoupolou Kyrkanidou, E., 2005, The Cyclopes in Odysseus' *Apologos*, *American Journal of Medical Genetics*, 138A, 190-192.

14 Un sitio de salud en línea advierte, con un rigor médico bastante discutible, sobre la disponibilidad en internet de fotos de fetos con ciclopía: "Son fáciles de encontrar, pero no para los débiles mentales".

sión central relativamente normal. La tarea se reduce entonces a buscar una condición patológica con la que obtengamos una familia de individuos de talla XXL que no pueden ver bien ni a la izquierda ni a la derecha de su campo visual (esto último, en jerga médica, se conoce como *hemianopia*), y el principal sospechoso es la neurofibromatosis tipo 1 (NF1, para abreviar), también conocida como enfermedad de Von Recklinghausen[15].

Los pacientes con NF1 desarrollan con frecuencia tumores benignos en la glándula pituitaria, que se encuentra en la base del cráneo. Estos tumores provocan que esta glándula produzca una excesiva secreción de hormona del crecimiento (somatotropina), dando lugar a gigantismo, y no es raro que, debido a la proximidad de la glándula pituitaria con el quiasma óptico (la parte del cerebro en que los nervios ópticos de ambos ojos se encuentran), este último se vea afectado, provocando hemianopia. La probabilidad de que gigantismo y hemianopia coincidan en varios individuos de una misma familia es baja (alrededor de un 5%), pero es posible.

De haber contado Odiseo con un endocrinólogo entre los miembros de su tripulación, quizás Polifemo y los suyos habrían sido correctamente diagnosticados en vez de injustamente considerados como monstruos... O tal vez no, considerando las preferencias gastronómicas del cíclope.

15 No confundir con Harryhausen, genio de los efectos especiales a quien debemos, entre otras, las monstruosas escenas del Kraken y de Medusa, filmadas en *stop motion* para *Furia de titanes*. La original de 1981, no el bodrio de 2010.

El eclipsante día de la muerte de los pretendientes de Penélope

Homero (Odiseo): Dulce Penélope,
eres tan hermosa como cuando partí.
Marge (Penélope): No podría
enfadarme contigo. [...]
Valiente Odiseo, han pasado 20 años.
Relátame tus aventuras.
Homero: ¡Deja de sofocarme! Voy a la taberna.
Los Simpson, Cuentos del dominio público (2002)

"... El sol ha desaparecido del cielo y se ha extendido funesta niebla". Más se tardó Teoclímeno en terminar con estas palabras su profético discurso, en el que vaticina la muerte de los pretendientes que asediaban día y noche a Penélope, leal esposa de Odiseo, en ausencia del rey, que el historiador Plutarco en sugerir que este ominoso pasaje se trataba de una descripción poética de un eclipse solar.

Muchos han querido dar la razón a Plutarco, pero como no vuelve a haber mención ni insinuación de un eclipse en el resto de *La Odisea*[16] y como son muchos más quienes interpretan este pasaje como una descripción visual del descenso de los funestos pretendientes al Hades (una metáfora de la inminente muerte de estos a manos de Odiseo), ha sido sólo en 2008 que los astrónomos Constantino Baikouzis y Marcelo O. Magnasco reunieron evidencia convincente de que el día en que Odiseo y los suyos masacraron a todos los pre-

16 En nada ayuda que, no bien había terminado de hablar, todos se rieron de Teoclímeno e inclusive Eurímaco, hijo de Pólibo, asumió que el adivino estaba loco, "ya que piensa que aquí es de noche".

tendientes hubo en verdad un eclipse[17]. Más específicamente: el eclipse solar del 16 de abril de 1178 a.C.

La precisión de la fecha se debe a los astrónomos Carl Schoch y Paul Viktor Neugebauer, quienes a mediados de los años 20 del siglo pasado calcularon que ese día ocurrió el único eclipse total de sol sobre las islas jónicas (Troya incluida); además, concuerda con las estimaciones históricas clásicas que datan la caída del muro y la ciudad troyanos alrededor de los años 1192-1184 a.C. (o a.E.C., antes de la era común[18]).

Baikouzis y Magnasco se apoyan en las referencias astronómicas que aparecen en *La Odisea* y elaboran con ellas dos cronologías que indican los días anteriores al reencuentro de Odiseo con Penélope, y supuesto día de ocurrencia del eclipse, que es considerado el Día Cero. Aunque muy parecidas, las cronologías difieren porque Homero narra de manera consecutiva eventos que ocurren simultáneamente. Así, en la primera cronología el día que Odiseo llega a Ítaca y el día que Atenea le dice a Telémaco que regrese de Esparta son fechas consecutivas, mientras que en la segunda ambos eventos ocurren el mismo día.

Durante la tarde del día -29/-28 Odiseo zarpa de la isla de Ogigia, hogar de Calipso. La divina ninfa despachó a su despechador amado con "un viento próspero y cálido", no sin antes darle consejos de navegación astronómica. "No caía el sueño sobre sus párpados contemplando las Pléyades [un grupo de

17 Baikouzis, C. y Magnasco, M.O., 2008, Is an eclipse described in the Odyssey? PNAS, 105(26), 8823-8828.

18 "Antes de la era común" es equivalente a "antes de Cristo" (o "antes de la era cristiana), y su uso es cada vez más extenso en ciencia con el fin de evitar las connotaciones religiosas de la segunda y más popular expresión.

estrellas] y el Bootes, que se pone tarde, y la Osa, que llaman carro por sobrenombre, que gira allí y acecha a Orión…" La mención de las constelaciones de Bootes (o el Boyero, de acuerdo con la terminología de la Unión Astronómica Internacional), la Osa Mayor y Orión será de gran importancia, como veremos más adelante, para establecer la época del año en que Odiseo levó anclas.

En el día -6/-5, "… cuando despuntó el más brillante astro [es decir, Venus], el que avanza anunciando la luz de Eos que nace de la mañana [o sea, la aurora]…" Odiseo arribó a la bahía de Forcis, en Ítaca.

Odiseo, disfrazado de mendigo, revela a su criado Eumeo que regresará a casa "cuando acabe este mes y entre otro", lo que, tomando en cuenta que en Grecia antigua el calendario tenía una base lunar y que la aparición de la luna nueva marcaba el inicio de cada mes, significa que la noche del día -2/-1 es oscura y sin luna.

Gracias a testimonios como el de Antínoo, hijo de Eupites y uno de los pretendientes de Penélope, sabemos que "Ahora se celebra en el pueblo la sagrada fiesta del dios". "Ahora" es el Día Cero y el dios es Apolo, lo que ha hecho suponer a diversos estudiosos de la literatura clásica[19] que Homero se refiere a una coincidencia del comienzo del curso de la luna con el del sol, algo que ocurría cada 19 años solares del calendario griego. Metrón, el astrónomo griego al que debe su nombre este ciclo, fue quien descubrió que en el intervalo de tiempo descrito la luna volvía a pasar por las mismas fases en los mismos días y horas del año solar.

19 Como Gilbert Murray, uno de los más grandes helenistas del siglo pasado.

La pareja de astrónomos toma en cuenta también que la visita de Hermes a la isla de Circe en el canto V (durante la cual el mensajero de los dioses se la pasa quejándose: "Me preguntas tú, una diosa, por qué he venido yo, un dios", "Zeus me ordenó que viniera aquí sin yo quererlo") podría tratarse de una alusión al movimiento aparente retrógrado de Mercurio, ya que el mensajero de los dioses (sustituto en ese entonces de *WhatsApp*), viaja primero hacia el oeste e, inmediatamente después de hablar con la ninfa, regresa hacia el este y, en el caso del planeta, a veces parece que retrocede y que se mueve en esta última dirección, debido a las diferencias en las velocidades y órbitas terrestre y mercurial (Mercurio va más rápido y recorre una distancia menor que la Tierra al dar una vuelta alrededor del Sol), pero es sólo una ilusión.

Partiendo de que, como ya mencionamos, el Día Cero/Masacre de los Pretendientes es luna nueva, Baikouzis y Magnasco comienzan a atar cabos y observan que una luna nueva previa (día -29), cuando Odiseo izó velas al atardecer desde Ogigia, se veían las Pléyades y Bootes, que, debido a que están muy separadas entre ellas en el cielo, no siempre pueden observarse de manera simultánea. Que en este pasaje sea posible verlas juntas por un tiempo una vez que oscurece significa, de acuerdo con los astrónomos, que la fecha es alrededor de marzo —cuando las Pléyades se ponen temprano y Bootes tarde—, o septiembre —cuando ocurre lo contrario—, y Homero dice claramente que se trata del primer caso. Lo más temprano del año en que Bootes es visible es el 17 de febrero y lo más tarde el 4 de abril, por lo que Odiseo debió navegar —antes de que el rencoroso Poseidón hundiera su balsa en venganza por haber cegado a Polifemo, el niño de sus ojos— dentro de este intervalo, y sólo hay, cuando mucho, dos lunas nuevas que satisfagan este criterio.

El único día que se ajusta a toda la información astronómica suministrada por Homero y a las cronologías propuestas por los astrónomos, de manera que pueda considerarse como el Día Cero, es el 16 de abril de 1178 a.C. Esto significaría que Hermes llegó a Ogigia el 13 de marzo, pues el 13 de marzo es la salida helíaca (es decir, su primera aparición por el horizonte oriental[20]) de Mercurio/Hermes. El 18 de marzo, durante una luna nueva, Odiseo "desplegó gozoso las velas al viento" y zarpó de Ogigia, y en la siguiente luna nueva llegó a Ítaca, donde "tendió sin esfuerzo el gran arco"[21]. El equinoccio de primavera o vernal ocurrió el 1 de abril y Poseidón hundió la balsa de Odiseo el 5 de abril, pues la noche anterior fue el ocaso helíaco de las Pléyades (la última vez que estas estrellas fueron visibles en el cielo), que permanecerían a partir de entonces ocultas durante 40 días y, en consecuencia, nuestro héroe no habría sido capaz de seguir las instrucciones de navegación de Calipso por más tiempo. El 11 de abril arriba a Ítaca, con Venus elevándose en el cielo 1 hora y 43 minutos ante del amanecer.

Como un cielo que cumpla por entero con esta descripción ocurre sólo una vez cada dos mil años, y

20 Luego de un período de tiempo en que no es visible por hallarse sobre el horizonte, durante el día, o debajo de él, durante la noche.

21 Baikouzis y Magnasco opinan que las imágenes homéricas de velas al desplegarse y arco al tensarse podrían ser alegorías intencionales de la luna creciente (la fase posterior a la luna nueva). Pero esto quizás sea, abusando de la expresión, tensar ya demasiado el arco.

la única asunción que podría ser plausible es identificar a Hermes y su comportamiento en el poema con el planeta Mercurio, el dúo Baikouzis-Magnasco considera que es mínima la probabilidad de que la identificación de estos pasajes de *La Odisea* con los fenómenos astronómicos señalados sea una mera coincidencia, por lo que en verdad Homero habría hecho referencia al evento histórico del 16 de abril del año 1178 a.C,.

Para los fallidos pretendientes de Penélope, no cabe duda de que se trató de un día, a todas luces, por completo eclipsante.

EDIPO REY

SÓFOCLES Y LA TRÁGICA EPIDEMIA EDÍPICA DE TEBAS

> Paul Vitti (Robert de Niro): Él [mi padre] me abofeteó un par de veces.
> Ben Sobel (Billy Cristal): ¿Y luego?
> Paul: Luego se murió.
> Ben: ¿Cómo te sentiste?
> Paul: Me sentí muy bien, excelente. ¿Cómo tendría que haberme sentido?
> Ben: Piénsalo. ¿Estabas enojado? ¿Estabas asustado? ¿Triste? Tal vez todas esas cosas. ¿Algún sentimiento de culpa?
> Paul: ¿Por qué? Yo no lo maté.
> Ben: Yo lo sé. Sólo estoy especulando... que quizás de alguna manera, podrías haber querido que muriera.
> Paul: ¿Por qué habría querido que muriera?
> Ben: Dijiste que estuvieron peleando. Él te abofeteó... porque te rebelaste contra su autoridad. Quizás algún conflicto edípico irresuelto.
> Paul: ¡En español! ¡En español!
> Ben: Edipo fue un rey que mató a su padre y se casó con su madre.
> Paul: ¡Pinches griegos!
> *Analízame* (1999)

"No habría llegado a ser asesino de mi padre, ni me habrían llamado los mortales esposos de la que nací..." De la trinidad de poetas trágicos griegos constituida por Esquilo, Eurípides y Sófocles, el más popular de todos es por mucho este último. Y de sus siete obras sobrevivientes, de las más de cien que al parecer escribió, la más popular es, también por mucho, *Edipo rey*, por razones más psicoanalíticas que literarias, lo que en este caso significa que Freud y su famoso y pseudocientífico complejo[1] tienen la culpa de que, sin

1 No es el propósito de este libro hablar sobre la pseudociencia y la charlatanería, ambos aspectos ampliamente documentados, de las investigaciones de Freud. Los lectores interesados pueden leer, por ejemplo, *Freud: The Making of an Illusion* de Frederick Crews.

jamás haber leído ni visto una representación de la obra, estemos familiarizados con el aciago destino del protagonista.

No podía decirse que el reino de Tebas corriese con una suerte menos funesta que la de su parricida e incestuoso gobernante. Apenas inicia la obra y nos enteramos, en las primeras líneas del primer diálogo que sostiene Edipo con el sacerdote, de que "La ciudad está llena de incienso, a la vez que de cantos, de súplica y de gemidos..." por culpa de una plaga que azota a la población. Lo bueno es que "después de reflexionar a fondo", Edipo ya tomó la única medida que se le ocurrió para resolver el problema: enviar a Creonte, el hijo de su cuñado, a "la morada pítica de Febo" (Febo en griego significa "brillante", un apodo muy apropiado del dios Apolo), y no precisamente a ver qué pitos tocaba... o más bien sí, porque lo que esto significa es que Edipo mandó a Creonte a consultar al Pito (nombre con que se conocía el lugar donde estaba el santuario de Apolo) u oráculo de Delfos o, dicho más apropiadamente, al milagrosísimo Apolo por conducto de la pitonisa de este sitio sagrado. Siendo padre de Asclepio (quien, como vimos en el capítulo anterior, era el dios de la medicina), seguramente Apolo contaría con un plan divino de respuesta epidemiológica.

En eso estaban Edipo y el sacerdote cuando, muy oportunamente, aparece en escena Creonte para decirles que escuchó de parte de Apolo que la causa de la plaga no es más que "una mancilla que existe en esta tierra", una manchita (más bien, manchota) moral ocasionada por una persona de identidad desconocida. "Desterrando a un culpable, o expiando un homicidio con otro homicidio" es suficiente para limpiar la mancilla, por lo que el problema se reduce a hallar al mancillador para expulsarlo de Tebas o asesinarlo. Elegir entre estas dos opciones se complicó bastante una vez que Edipo averiguó que el culpable era él mismo. Una vez enterado el soberano, su tragedia personal arrebata a la tragedia comunal de la plaga los reflectores y el interés de todos los espectadores y lectores. Bueno, no de todos...

La "odiosa epidemia, bajo cuyos efectos está despoblada la morada Cadmea, mientras el negro Hades se enriquece entre suspiros y lamentos" (si de eufemismos se trata al hablar de la muerte, no hay quien supere a los poetas griegos) es el personaje principal para el historiador de la medicina Antonis A. Kousoulis y su equipo de investigadores, quienes consideran que las descripciones de Sófocles corresponden a las de un evento real: se basan, de manera muy cercana, en las características de una epidemia ocurrida en la época en que se representó por primera vez su obra. En vez de recurrir al oráculo, estos especialistas en epidemiología examinaron toda la información clínica suministrada por el dramaturgo con el fin de hallar al patógeno culpable de la mortandad tebana en *Edipo rey*[2].

A partir de que Sófocles escribe que "perecen los rebaños [de bueyes] que pacen en los pastizales", para Kousolis y colaboradores queda claro que se trata de una enfermedad zoonótica, lo que de acuerdo con la OMS significa que se transmite de manera natural de

2 Kousoulis, A.A., Economopoulos, K.P., Poulakou-Rebelakou, E., Androutsos, G. y Tsiodras, S., 2012, The plague of Thebes, a historical epidemic in Sophocles' Oedipus Rex, *Emerg. Infect. Dis.*, 18(1), 153-157.

animales no humanos a nuestra especie. La alta mortalidad de esta zoonosis es continuamente exhibida en los diálogos de la obra, como en: "Tebas [...] se halla profundamente consternada por la desgracia" y "no es capaz de levantar la cabeza de las profundidades por la sangrienta sacudida".

Entre los efectos del patógeno en el reino tenemos que éste "despuéblase con la esterilidad de sus mujeres", hay "partos infecundos de las mujeres" (es decir, abortos), que "ni los acerbos sufrimientos de nuestras mujeres en sus partos son provechosos" (el nacimiento de bebés muertos) y, por si no bastase, que "los brotes fructíferos de la tierra se secan en los campos", "los frutos que nacen en nuestra fecunda y amada tierra no llegan a su madurez".

Si el coro nos dice que la fuente de la enfermedad es divina al implorar que "Ares, ese dios que hoy viene a atacarnos sin el bronce de los escudos y nos abrasa, vuelva la espalda y huya de nuestro hogar", Sófocles también señala que "los cadáveres quedan tendidos en tierra sin ser llorados, sembrando y propagando el contagio", lo que significa que él y sus contemporáneos estaban conscientes del riesgo de transmisión que representaba el contacto con quienes morían por enfermedades infecciosas. Lo que omite Sófocles es contarnos por qué habría que culpar a Ares de esta desgracia (¿los tebanos lo ofendieron de alguna manera? ¿No le prendían inciensos, sacrificaban animales, le rezaban ni limpiaban su templo con suficiente frecuencia? Sólo Ares sabe).

Ante tan sospechosa incriminación, Kousolis y su equipo especulan que la única mención al dios griego de la guerra en la tragedia podría tratarse de una referencia velada —pero comprensible para los espectadores de *Edipo Rey* en esa época— a la Guerra del Peloponeso (que ocurrió en los años 431 a 404 a.C., un intervalo dentro de la vida de Sófocles, quien nació en el año 496 y murió en el 406 a.C.), y un señalamiento a la plaga de Atenas como causante de la de la Tebas literaria. La epidemia ateniense es mencionada por Tucídides precisamente en su *Historia de la Guerra del Peloponeso*: "... la calamidad que no menos daños causó y que destruyó a una parte de la población, la peste. Todos estos males cayeron sobre Grecia junto con esta guerra". Como no hay registro alguno de otra epidemia en esta zona del Mediterráneo durante el siglo V a.C., es muy probable que la plaga que azotó a la Tebas de Edipo y Sófocles se base en la plaga de Atenas descrita por Tucídides.

El ataque de los microbios asesinos

Recapitulando, el patógeno causante de la epidemia tebana tiene como características el ser altamente contagioso, ser una enfermedad zoonótica transmitida de bovinos a humanos, que causa esterilidad, abortos y partos muertos y una alta tasa de mortalidad. La brigada trágico-médico-literaria de Kousolis puso en la fila a 20 microorganismos que son sospechosos comunes por su alto grado de peligrosidad, entre ellos las bacterias *Yersinia pestis* (produce la peste), *Salmonella typhi* (fiebre tifoidea) y *Rickettsia prowazekii* (tifus epidémico) y los virus de los géneros *Coronaviridae* (en el mejor de los casos, provoca resfriado común; en el peor, síndrome respiratorio agudo severo, una forma grave de neumonía[3]) y *Morbillivirus* (sarampión). Todos han sido responsables de al menos una epidemia en la historia de la humanidad, pero los cinco patógenos que pasaron a la siguiente ronda por reunir la mayoría de los rasgos descritos por Sófocles fueron:

Leishmania spp. (en biología, spp. significa que nos referimos a las varias especies de un mismo género). Protistas causantes de leishmaniasis, enfermedad zoonótica del ganado bovino. Provoca abortos y partos muertos, su mayor tasa de mortalidad aguda (muertes en los primeros 30 días) ha sido del 70%, y es probable que epidemias debidas a ella fueran descritas desde el año 2500 a.C. Tiene una buena coartada en su defensa: no es altamente contagiosa.

Leptospira spp. Bacterias causantes de Leptospirosis. Tiene en su contra y en su defensa las mismas características que en el caso de *Leishmania* spp. Epidemias de leptospirosis han sido descritas desde el año 1350 a.C.

Orthopoxvirus. Género al que pertenece *Variola virus*, causante de la viruela. En su contra: mismas características que las dos anteriores, a las que se suma que sí es altamente contagiosa y sí provoca infertilidad. En su defensa: su mayor tasa de mortalidad aguda ha sido "tan sólo" del 30%, aparte de contar con una coartada perfecta, pues no es zoonótica del ganado. Epidemias de viruela han sido registradas desde el año 1100 a.C.

Francisella turalensis. Bacteria causante de turalemia o fiebre de los conejos. En su contra: sí es zoonó-

3 Y todo el 2020 nos familiarizó con el nuevo miembro de la familia: el coronavirus SARS-COV-2, causante de la covid-19.

tica del ganado, dado que éste puede contraer turalemia al comer un conejo enfermo o al ser picado por una garrapata infectada, su mayor tasa de mortalidad aguda ha sido del 60% y es altamente contagiosa. En su defensa: no provoca abortos ni partos muertos. La epidemia más antigua de turalemia fue descrita en el año 1715 a.C.

Y el que, después de examinar toda la evidencia, fue declarado culpable: *Brucella abortus*. Causante de brucelosis, altamente contagiosa por contacto directo con animales infectados y por beber leche sin pasteurizar de vacas infectadas (la única manera de evitar el contagio en este caso habría sido dejar de tomar leche, considerando que faltaban siglos para que naciera el creador de la pasteurización). Su más alta tasa de mortalidad aguda ha sido del 80% y, además, desde los tiempos de Hipócrates (que son los de Sófocles) se han descrito epidemias, abortos y bebés muertos por brucelosis.

Como los médicos y veterinarios de nuestro siglo podrían protestar contra el veredicto de Kousolis y colaboradores, al aducir que en nuestros tiempos su tasa de mortalidad es muy baja y que es extremadamente raro que se transmita de una persona a otra, el as bajo la manga de los acusadores es que la epidemia de brucelosis de Tebas pudo tener uno o más cómplices. De acuerdo con esta hipótesis, mientras el ganado estaba infectado por *Brucella abortus*, los humanos podrían haber sido afectados por otro patógeno, como *Salmonella entérica* serovar Typhi, causante de fiebre tifoidea. O existe la posibilidad de que las especies del género *Brucella*, al evolucionar con el paso del tiempo, se hayan vuelto menos letales que sus antecesoras del Siglo de Pericles.

Los epidemiólogos consideran que, así como, antes del descubrimiento de Troya por el arqueólogo Heirnich Schlieman, se consideraba que ésta existía sólo en las páginas de La Ilíada, la epidemia que describe Sófocles en *Edipo Rey* y a la que nombra como la plaga de Tebas, más allá de la escena teatral refleja un hecho histórico.

Ya fuese Atenas o Tebas, una bacteria o un dios, al Hércules de la película homónima de Disney le sobraban razones para comentar a Meg, refiriéndose a Edipo: "¡Vaya, él sí que tiene problemas!"

LA ENEIDA

VIRGILIO Y LOS ESTILOS ERUPTIVOS DEL INFRAMUNDO

Joel (Martin Starr): [Jugando un videojuego] Observen. Dos opciones: Juego sin arriesgarme, los aniquilo desde aquí atrás, o me lanzo a la brecha, con todo, corro a la corteza y… ¡bombardeo! [sonido que indica que ha pasado el nivel] *Audentes fortunas juva*: "La fortuna favorece al valiente". Virgilio dijo eso.

Emily Lewin (Kristen Stewart): Estoy segura de que Virgilio tenía al Mutante Biónico en mente.

Adventureland (2009)

"… [L]a bajada al Averno es cosa fácil. La puerta del sombrío Plutón / está de par en par abierta noche y día, pero volver pie atrás / y salir a las auras de la vida, eso es lo trabajoso, ahí está el riesgo". Para hablar de escenarios y criaturas infernales tal vez Virgilio, de haber nacido después del año 45 a.D.M. (antes del año dos mil de nuestra era) y no en el 70 a.C., habría recurrido a explosivas imágenes nucleares al escribir sobre la visita de Eneas al Hades en *La Eneida*, y por las puertas del inframundo atravesarían legiones de mutantes biónicos para poner en riesgo las auras de la vida.

Quiso Fortuna, la diosa romana de la suerte (y no de la mala), que no faltara una inspiración igualmente explosiva al gran poeta, quien experimentó en carne propia o contó con testimonios de primera mano de diferentes tipos de actividad volcánica en los Campos Flégreos, el Etna y Vulcano. Virgilio vivió por algún tiempo en la Campania, donde se localiza la caldera volcánica conocida como los Campos Flégreos (una caldera volcánica es una depresión más o menos circular, similar a un cráter, que generalmente se forma al hundirse el suelo después de una erupción).

Es posible que Virgilio presenciara la erupción del Etna, volcán situado en la isla de Sicilia, del año 44 a.C., y es muy posible que conociera también de primera mano las vigorosas erupciones que en su tiempo ocurrían en el cono de la Fossa de Vulcano, volcán que se encuentra en la isla homónima del Mediterráneo. Tomando en cuenta esto, el vulcanólogo Alwyn Scarth, quien publicó durante toda su vida (falleció en 2017) una copiosa cantidad de libros sobre el tema, evidencia la más que probable asociación entre algunas descripciones de *La Eneida* y diferentes estilos de erupción[1].

Una hipótesis alternativa es que la inspiración volcánica de Virgilio tuviese más bien un origen literario, a partir de lo escrito por autores que le precedieron o contemporáneos a él, como Píndaro, Tucídides, Diodoro Sículo y Lucrecio (quienes describieron las erupciones del 475, 425, 396 y 122 a.C. del hiperactivo Etna), pero en contra de esta teoría tenemos que nada de lo escrito por estos autores indica que ellos supiesen de la existencia de diferentes estilos de erupciones. En contraste y tratándose de Virgilio, Scarth señala que:

1) Cada uno de los diferentes estilos de erupción se refleja claramente en cada uno de los pasajes de *La Eneida* que parecen haber inspirado;
2) cada pasaje refleja un único estilo de erupción;
3) a menudo los pasajes se localizan exactamente donde esos estilos específicos de erupción ocurrieron (los Campos Flégreos, el volcán Etna o el volcán Vulcano);
4) la actividad volcánica que inspira los pasajes con frecuencia sólo pudo haber sido descrita por alguien

1 Scarth, A., 2000, The volcanic inspiration of some images in *The Aeneid*, *The Classical World*, 93(6), 591-605.

que la presenciara desde muy cerca, y no podría haber sido deducida desde lejos;

5) diferentes aspectos de los estilos de erupción son evocados, como sus rasgos visibles, los ruidos que los acompañan y las vibraciones del suelo.

Scarth se apresura a añadir que nada de esto implica que Virgilio entendiera cuáles son los procesos geofísicos involucrados en cada caso. En vez de ello, Virgilio notó, gracias a una gran intuición y capacidad de observación, los rasgos y diferencias de los distintos estilos de erupción, y aprovechó toda esta información para generar imágenes poéticas.

Si Dante tuvo a Virgilio como guía (más sobre ambos poetas en el siguiente capítulo) por los nueve círculos del infierno, nosotros contamos con Scarth para conducirnos por los estilos de erupción que inspiraron aquellos versos de Virgilio en los que Eneas visita el inframundo, Hércules pelea contra el monstruo Caco[2] y los cíclopes trabajan como enanos (al menos como los enanos herreros de *El Señor de los Anillos*). Adentrémonos con Scarth en las erupciones y versos más ardientes de *La Eneida*:

Erupción leve y los respiraderos de almas dolientes

En una erupción leve, el magma no alcanza la superficie, pero se aproxima lo suficiente para calentar, y a

2 Caco, medio humano y medio bestia, le había robado al forzudo semidiós cuatro de sus bueyes, acción tan definitoria y definitiva por la que se ganó la muerte a manos de Hércules y que su nombre pasara a ser sinónimo de ladrón.

menudo hervir, las aguas subterráneas. El agua burbujea y el vapor sisea hacia la superficie en fuentes o respiraderos hidrotermales. Es común que, cuando estas aguas disuelven parcialmente las rocas, se formen piscinas de lodo, y cuando los gases se liberan del magma, den lugar a fumarolas y solfataras (en ambas aberturas del terreno volcánico salen gases, pero en las segundas predominan los vapores sulfurosos, con su característico olor a huevo podrido por la presencia del azufre).

Scarth nos dice que las erupciones leves sirvieron de base para algunas de las descripciones del Hades en el libro VI de *La Eneida*. El inframundo al que desciende Eneas se encuentra debajo de los Campos Flégreos, un lugar en el que, si bien en tiempos de Virgilio la lava llevaba más de dos mil años sin fluir, todavía era bastante común la presencia de respiraderos hidrotermales junto con frecuentes sismos de origen volcánico ("bajo los pies comenzó el suelo a mugir, y a moverse las cimas de las selvas"). Las emisiones de azufre provenientes de los respiraderos hidrotermales dieron su nombre a La Solfatara ("sulpha terra", que es "tierra de azufre" en latín), cráter volcánico próximo a la actual ciudad de Pozzuoli, cerca de Nápoles, que forma parte de los Campos Flégreos y que en tiempos de la antigua Roma se conocía como Forum Vulcani. De los respiraderos, piscinas de lodo volcánico, fumarolas y aguas termales presentes en este cráter emanan nubes de vapor y gases que posiblemente inspiraron las imágenes de las bestias que Eneas atacó a la entrada del Averno ("tenues vidas sin cuerpo, inconsistentes", que "a mandobles hubiera arremetido en el vacío").

Las emanaciones de La Solfatara pueden ser percibidas, en palabras de Virgilio en el libro VI de *La Eneida*, como "Almas dolientes [...] con igual ademán: manos tendidas en ansia eterna de la opuesta playa". Y es especialmente llamativo que, al mencionar las aguas del río Estigia (uno de los cinco que rodea el Hades), el poeta hablara de "las roncas corrientes", pues según Scarth, el adjetivo es un poco inapropiado al hablar del típico sonido que acompaña al flujo de un río, pero perfecto para describir el ruido que hacen las aguas termales.

Erupción moderada y la morada de Caco

En las erupciones moderadas el magma alcanza la superficie, luego de producir, por lo regular, sismos. A medida que esto ocurre, los gases que contiene el magma comienzan a formar burbujas y a liberarse, como si se tratara de una botella de champán al ser descorchada, y si esta imagen ofrecida por nuestro vulcanólogo guía es más útil que poética, no seamos injustos al querer comparar a Scarth (o peor, a mí) con Virgilio. Los gases y el vapor de agua se liberan más fácilmente de la lava caliente y fluida, y ésta, en consecuencia, sisea, crepita y chisporrotea.

Esta actividad volcánica puede leerse entre líneas y no tanto a la entrada de la cueva de la Sibila (quien sirvió a Eneas de guía por el Hades) y en las escenas protagonizadas por Caco, el engendro del Averno e hijo de Vulcano (dios del fuego). En el primer caso, la "honda caverna" es un cráter que "abre cercana sus enormes fauces, roca viva [¿lava?] cercada por las aguas del negro lago". En el Flegetonte (otro de los cinco ríos del inframundo, donde al parecer no era mala idea dedicarse a la navegación fluvial) es más evidente la lava como fuente de inspiración: masas de lava solidificada que resuenan al ser llevadas por el flujo de roca fundida ("rápida corriente de llamas que abrasan, el Flegetonte Tartáreo, que hace rodar rocas ruidosas"). Scarth considera que Virgilio o alguien más tuvo que haber presenciado esto para que fuese descrito en *La Eneida* ya que, una vez que la lava se enfría y solidifica, sólo vulcanólogos modernos pueden interpretar las características previas a este proceso.

Aunque en tiempos de Virgilio no hubo erupciones moderadas en los Campos Flégreos, es seguro que el poeta estaba al menos enterado de la actividad volcánica del Etna, que correspondía a este estilo eruptivo. Una pequeña muestra de que Eneas habría sido un gran vulcanólogo es este fragmento del libro III: "... brama con derrumbes terríficos el Etna: lanza al aire, unas veces, negra nube, torbellinos de pez, candente escoria, lenguas de llama que a los astros llegan; y otras, despedazando sus entrañas, rocas arranca, y echa a los espacios / una en pos de otra derretidas peñas, y en mugidora lava hierve el monte".

Las descripciones de Caco y de su morada en el libro VIII de *La Eneida* evocan de manera muy precisa una erupción moderada del Etna, observada desde una distancia muy próxima a uno de sus cráteres: Caco vomita fuego ("con resoplos de negras fogaradas, se movía"), vive en una cueva con una forma similar a lo que los vulcanólogos conocen como cono de salpicadura, un orificio de salida de la lava ("inaccesible a los rayos del sol") en el que los gases, al expandirse, arrastran porciones de lava que al caer se apilan alrededor ("formando al pie descomunal derrumbe").

Del piso de la cueva emanan gases ("humeante el suelo"), sus paredes están tapizadas "con sangre siempre nueva, y en la puerta insolentes trofeos de cortadas cabezas de hombres goteando podre". ¿En qué pensaba Virgilio cuando visualizó escena tan terrorífica y febril? Una posibilidad es la siguiente: como todo vulcanólogo fanático del cine gore puede atestiguar —o, en su defecto, aceptar la palabra de Scarth—, a medida que se enfría la lava se asemeja bastante a la sangre, y conforme los coágulos de lava —comúnmente del tamaño de una cabeza humana— salpican las paredes y continúan fluyendo hacia el piso por acción de la gravedad, no es necesario tener una imaginación como la de Virgilio para ver una galería de sanguinolentos rostros clavados en estos muros.

La afición de Caco por coleccionar y pegar cabezas en su cueva como si fueran estampitas de álbum terminó al toparse con la intolerancia de Hércules, quien —peor que John Wick cuando mataron a su perro en la película homónima— fue a darle unos mazazos para que aprendiera a no tomar los bueyes ajenos. Caco, "sin poder huir, lanza de súbito portentoso humarazo de sus fauces, y envuelve la manida en negra nube, que oculta la visión y hace en el antro, mezclados fuego y humo, espesa noche". No contaba con que Hércules "a la hoguera de un salto se lanzó, donde más denso ondea el humo y la caverna hierve con mayor cerrazón". Y "mientras seguía vomitando Caco sus incendios inútiles" (es decir, mientras seguía fluyendo lava), lo estranguló "con presión tan furiosa que los ojos le salta de las cuencas". Sólo con Negan, cuando mata de un batazo a Glenn en *The Walking Dead*, presenciamos una muerte así de cruenta, pero Scarth compara este pasaje con una explosión de gas que marca el fin de la erupción ("esa boca en que por fin el fuego estaba extinto").

Erupción vigorosa y los cíclopes herreros

Las erupciones vigorosas ocurren cuando el magma expelido es más viscoso que en las moderadas. Debido a esta mayor viscosidad, el gas está confinado a una mayor presión dentro del magma y, al liberarse con dificultad, da lugar a burbujas que explotan vigorosamente (¿de qué otra forma?) y destrozan y reducen el magma a cenizas que se dispersan en la atmósfera, quedando muy poca lava que pueda fluir. Esta poderosa actividad es evocada en *La Eneida* por los cíclopes herreros del libro VIII, y están posiblemente inspiradas por el volcán Vulcano (que es como decir el perro canis o el gato felis), en las islas Eolias. El cono Fossa en este volcán ha sido responsable de erupciones vigorosas durante los pasados seis milenios y, entre 1888 y 1890, cuando experimentó su más reciente actividad volcánica, quienes la atestiguaron afirmaron que cada uno o dos minutos había explosiones acompañadas de fuertes detonaciones ("Al rudo golpear los yunques gimen, silba el metal fundido, y bajo bóvedas resoplan fogaradas en los hornos"), parecidas a disparos de armas de fuego (que, en un mundo anterior a la invención de la pólvora y en la mente de Virgilio da lugar a versos como los siguientes: "Entre manos traían empezado un rayo" [...] "y le estaban mezclando aterradores chispazos y retumbos, y el espanto que vuela en pos de las furentes llamas").

Erupción violenta y el Vesubio ausente

El cuarto y último estilo de erupción es el que, por lo general, asociamos de inmediato con la actividad volcánica: aquellas en las que el magma más viscoso, de menor temperatura y más gaseoso de todas alcanza la superficie. Los gases se separan en violentas explosiones que pulverizan el magma en polvo y ceniza y llegan inclusive a destruir la cima del volcán. El ejemplo más próximo a la época de Virgilio ocurrió poco antes de que el poeta naciera, en el año 79 a.C., y quizás por ello es el único estilo eruptivo no evocado en ningún pasaje de *La Eneida*. Se trató de la erupción del Vesubio, y quien sí pudo observarla, siendo lo último que hizo en su vida, fue el historiador y naturalista Plinio el viejo.

En un episodio de la serie televisiva de espionaje *El agente de* CIPOL (*The Man from* UNCLE), los agentes Napoleón Solo (Robert Vaughn) e Illya Kuryakin intercambian el siguiente diálogo: "Virgilio es el nombre de un poeta latino". "No todos tienen eso [*La Eneida*] en su librero". "No todos, pero sí un estudiante". La deducción es altamente probable. Ya otra cosa es que la versión que el estudiante tenga sea una página impresa proveniente de *El rincón del vago* en internet o una edición bilingüe latín-castellano en verso de más de 800 páginas.

Entre uno y otro extremo, para todos aquellos estudiantes obligados a visitar el infierno de Virgilio y leer al menos algunos fragmentos de *La Eneida* —aún no convencidos de su atractivo volcánico y literario—, puede que encuentren consuelo en estos versos del poeta: "... recobrad el ánimo y deponed este triste temor, que quizá hasta esto recordaremos un día con gusto".

El cuarteto canónico

LOS MÁS GRANDES CLÁSICOS
EN CUATRO LENGUAS

LA DIVINA COMEDIA

DANTE Y UNA COSMOGRAFÍA PATOLÓGICA, GEOLÓGICA Y FÍSICA

Jack Sparrow (Johnny Depp): Preocúpense de sus propias fortunas, caballeros. El círculo más profundo del infierno está reservado para traidores y amotinados.
Piratas del Caribe, La maldición del Perla Negra (2003)

"Dejad, los que aquí entráis, toda esperanza". Pocas frases más dantescas que ésta. Si todo o casi todo el mundo sabe que, contra lo que podríamos esperar, con base en los rituales satánicos, en el reino de Lucifer la figura geométrica reinante no es el pentagrama, ni el cuadrado, ni ningún otro polígono regular; si todos o casi todos sabemos que, dentro de su propio círculo de lujuriosos, glotones, avaros y el resto de los pecadores, las almas malditas están condenadas a sufrir castigos bastante creativos —lo que comprueba que el diablo está en los detalles—, como ser sumergidos en barro, hielo, sangre o brea hirvientes o excremento, con la cara hacia arriba, hacia atrás o hacia abajo, y mientras un perro del Averno las descuartiza o un centauro les clava sus saetas, es a Dante y a *La divina comedia* a quien se lo debemos.

A diferencia de Homero, de quien se especula sobre su preparación en los temas de interés médico y científico con que se topan Odiseo, Héctor, Aquiles y el resto de griegos y troyanos, sabemos que Dante no sólo estudió en algunas de las universidades más importantes de su época, como la de Bolonia, en Italia, y La Sorbona, en París, y que no sólo estaba familiarizado —como toda persona culta en ese entonces— con las obras de Aristóteles, Hipócrates, Galeno y Avicena, sino que era tal su interés por la ciencia médica que se afilió al Gremio Florentino de Médicos y Farmacéuticos (si bien, probablemente, no practicó medicina un solo día de su vida).

Considerando esto y a pesar de lo alegórico, fantástico y onírico de su visita por Infierno, Purgatorio y Paraíso, no es extraño entonces que abunden los términos médicos y las descripciones precisas con relación a procesos y fenómenos naturales diversos, de acuerdo con el conocimiento existente en esos tiempos (siglo XIII).

Como bien dice Dante, "Temer se debe sólo a aquellas cosas / que pueden causar algún tipo de daño; / mas a las otras no, pues mal no hacen", y más bien alguna ventaja podemos sacar de nuestra visita a las salas del Infierno de la Patología, los campos del Purgatorio de la Geología y las esferas del Paraíso de la Física. Adentrémonos en estas selvas surgidas de lo que no pocos consideran el más bello poema jamás escrito por inspiración —¿quién puede negarlo?— tanto divina como del diablo. Hagamos de la exhortación de Dante a Virgilio la propia nuestra a la ciencia: "Vamos, que mi deseo es como el tuyo. / Sé mi guía, mi jefe y mi maestra".

Infierno de la Patología

Primera sala: Sarna

Mientras caminaba por el Malebolge ("fosos malditos", en italiano), octavo círculo del Infierno, Dante se encontró en su décima fosa a los falsificadores:

"Vi sentados a dos que se apoyaban, / como al cocer se apoyan teja y teja, / de la cabeza al pie llenos de pústulas. / Y nunca vi moviendo la almohaza / a muchacho esperado por su amo, / ni a aquel que con desgana está aún en vela, / como éstos se mordían con las uñas / a ellos mismos a causa de la saña / del gran picor, que no tiene remedio; / y arrancaban la sarna con las uñas".

En 1944 Bruno Nardi, filósofo italiano y gran estudioso de la obra de Dante, consideró que la enfermedad que aquejaba al par del que hablan estos versos podría tratarse de un tipo de lepra (que es causada por la bacteria *Mycobacterium leprae*) llamada serpentina, cuya descripción aparece por primera vez a mediados del siglo XIII de la mano del monje franciscano Bartholomeus Anglicus. Según Nardi, Dios (es decir, Dante) habría elegido este castigo para los alquimistas —falsificadores de cosas materiales— por analogía perfecta (no por nada es Dios) con lo que los alquimistas consideraban era la "lepra del oro": el plomo.

Los alquimistas consideraban que algunos metales eran "enfermedades del oro", lo que transmutaría a estos falsificadores en algo así como "médicos metalúrgicos" cuyo mayor desvelo sería curar al pobrecito plomo. Así que "dar de alta" al plomizo paciente significaría que éste recobró su naturaleza áurea y que ahora es bienvenido en el Banco de la Ilusión de los protoquímicos medievales.

Como explicación poética, la de Nardi no estaba nada mal, pero es bien sabido que no toda hipótesis que brilla es oro, y en 2014 Michele Augusto Riva, experto en historia de la Medicina, y sus colaboradores adujeron que la palabra vernácula *scabbia*[1], elegida por Dante en estos versos y que se deriva del latín *scabere* (rascar), servía comúnmente para referirse, durante

1 Palabra que en español puede traducirse como *escabiosis*, que es otro nombre para la sarna. Siguiendo a Nardi o por otras razones que ignoro, todas las traducciones de *La divina comedia* consultadas por mí, con excepción de la de Cayetano Rosell (quien por éste, y varios casos más considerados en el presente capítulo, merece estar en la cuarta esfera del Paraíso de Dante: la de los sabios), prefieren traducir como lepra, cuando no como vulgares pústulas.

la época medieval, a infecciones de la piel provocadas por el ácaro *Sarna sarcóptica*[2]. Que en el Infierno Dante se tope con unos malditos sarnosos (dicho esto con ánimos meramente descriptivos, no como ofensa a quien haya tenido que rascarse con sus propias uñas, como yo en cierta ocasión) indica, por una parte, que la picazón es tan irritante que merece incluirse en el catálogo de tormentos del demonio, y por otra, según Riva & Co., que su propagación fuera del inframundo en tiempos medievales era bastante común y amplia, dada la poca higiene que en ese entonces había.

Segunda sala: Epilepsia

Sin abandonar el octavo círculo, pero ahora en la séptima fosa, nos encontramos con un viejo conocido de *La Eneida*: Caco el antiguo caco y ahora custodio de los ladrones por toda la eternidad. Si ya vimos cómo un semidiós como Hércules dio a Caco porrazos hasta matarlo por robarle sólo cuatro vacas y cuatro toros, ¿a alguien sorprende que Dios Todopoderoso (aunque Nadaclemente) mandara al diablo a Vanni Fucci por haber tomado sin permiso "los hermosos ornamentos" de la catedral de Pistoya[3]?

En el Canto XXIV del Infierno, Dante escribe lo que el neurocientífico Marco Mula considera una descripción de un ataque epiléptico (convulsiones provocadas por actividad cerebral anormal) sufrido por Fucci[4]:

2 Riva, M.A., Anchise, S., Rotasperti, A. y Deho, G., 2014, Dante and dermatological diseases: a literary description of scabies in the Middle Ages, *Journal of the European Academy of Dermatology and Venereology*, 30, 167-168.
3 Lo que fue un hecho, tan real como el ladrón, acontecido en esta ciudad italiana.
4 Mula, M., 2016, Epilepsy in Dante's poetry, *Epilepsy & Behavior*, 57, 251-254.

> Y como aquel que cae sin saber cómo,
> porque fuerza diabólica lo tira,
> o de otra opilación que liga el ánimo,
> que levantado mira alrededor,
> muy conturbado por la gran angustia
> que le ha ocurrido, y suspira al mirar:

Mula considera que la referencia a la epilepsia es más que clara (al menos para él que, en lo que atañe a enfermedades del sistema nervioso, no tiene nada de burro) por el uso en estos versos de la palabra "opilación", que viene del latín "opillatio" y que desde la publicación de los *Tratados hipocráticos* (atribuidos a Hipócrates, padre de la medicina, y publicados entre los siglos V y IV a.C.) significaba en el contexto médico "obstrucción del pneuma por flema". Para entender a qué se refiere esta expresión consideremos que, según la teoría hipocrática de los cuatro humores, nuestro cuerpo está formado por bilis amarilla, bilis negra, sangre y la ya citada flema. Los seguidores de Hipócrates consideraban que el pneuma era el "soplo", "alma" o "aire dentro del cuerpo" (a diferencia del aire, "a secas", que está afuera de él) que, al llegar al cerebro, permitía que se produjera el entendimiento y la inteligencia. Las enfermedades serían la consecuencia de un desequilibrio humoral y, en el caso particular de la epilepsia, de que no llegara pneuma a la cabeza del paciente. Que Dante presenciara un ataque epiléptico en más de una ocasión es casi seguro debido a la alta ocurrencia, ocasionada por los continuos conflictos bélicos de esa época, de infecciones y de lesiones cerebrales por traumatismos (ambas causas comunes de este padecimiento). Historiadores de la medicina han considerado que la incidencia de la epilepsia en Florencia pudo haber sido de alrededor de 70 nuevos casos por año en los tiempos de Dante, cuando los epilépticos cargaban con el estigma religioso que asociaba este mal con las posesiones diabólicas.

En el siglo XIX el médico y criminólogo Cesare Lombroso consideró que aquellos episodios de pérdida de la consciencia que ocurren en el Infierno de *La divina comedia* podían clasificarse como típicos de epilépticos, en tanto que los que sucedían en el Purgatorio eran más bien propios de sonambulismo y los que tenían lugar en el Paraíso eran "visiones extáticas típicas de la locura". En apoyo a esta hipótesis, Mula advierte que, en efecto, fuera del Infierno no hay menciones explícitas de convulsiones, o del uso de la discutida opilación, que apunten a la epilepsia como causa de los desfallecimientos sufridos por el poeta. Un diagnóstico más apropiado para la naturaleza onírica de lo escrito por Dante será nuestra tercera escala en este averno patológico.

Tercera sala: Narcolepsia

En 1880 el neurólogo Jean Baptiste Edouard Gélineau bautizó como narcolepsia a una enfermedad que consistía en ataques repentinos e irresistibles de sueño durante el día, asociados con frecuencia a astasia (incapacidad de mantenernos de pie) por pérdida repentina y breve (con duración de unos cuantos segundos) del tono muscular (el estado de tensión de nuestros músculos en reposo).

Gélineau pensaba que los episodios de debilidad muscular que acompañan a lo que ahora identificamos como narcolepsia de tipo 1, y que se conocen como cataplejía, eran cosa de risa; no porque se burlara de los pacientes a quienes les ocurría sino, estrictamente hablando, porque creía —y estaba en lo cierto— que emociones positivas fuertes como la risa o la sorpresa podían producirlos. En honor a este médico de ensueño, la narcolepsia es también conocida como síndrome de Gélineau.

Además de la cataplejía, otros tres síntomas definen a la narcolepsia de tipo 1: somnolencia diurna, parálisis del sueño y alucinaciones hipnagógicas. La somnolencia diurna no requiere mayor explicación, pues todo aquel que haya ido a la escuela o al trabajo luego de una noche de desvelo sabe, sin ser narcoléptico, lo que es luchar contra el deseo de dormir a mitad del día.

La parálisis del sueño no es inusual inclusive en quienes no padecen narcolepsia, y es la incapacidad temporal de movernos o hablar en el estado de transición sueño/vigilia (es decir, cuando estamos quedándonos dormidos o cuando nos estamos despertando). Cuando experimentamos este estado momentáneo de indefensión, como estamos plenamente conscientes de lo que está ocurriendo es común que nos dé miedo y hasta terror, pues no falta quien deduce erróneamente que ya se murió; de ahí que, ante un episodio de parálisis del sueño, digamos de manera coloquial que "se nos subió el muerto". Detrás de esta parálisis no hay viajes astrales, posesiones satánicas, angelicales ni de ningún otro origen esotérico; lo que en realidad sucede es que, al despertarnos/dormirnos puede presentarse un desfase temporal entre la etapa de sueño REM (siglas en inglés del Movimiento Ocular Rápido que la caracteriza) y la etapa de relajación muscular total que la precede.

La alta actividad cerebral que se presenta en la etapa REM explica también las alucinaciones hipnagógicas, de naturaleza visual, auditiva y táctil, que padecemos durante un episodio de narcolepsia: vemos, por ejemplo, cómo nuestra alma vuela por la habitación mientras nuestro cuerpo sigue acostado, oímos el llamado de un coro celestial y sentimos cómo el diablo toca nuestros pies para llevarnos a alguno de los círculos ya bastante conocidos por nosotros.

El neurólogo Giuseppe Plazzi conjetura que, seis siglos antes de Gélineau, Dante describió en *La divina comedia* los síntomas de la narcolepsia, al igual que otros aspectos que son materia de estudio de su Laboratorio de Sueño —bajo su dirección— en la Universidad de Bolonia, Italia[5]. Plazzi nos advierte que el viaje de Dante al más allá es alegóricamente representado como una visión que tiene lugar durante el sueño.

Lo que no es alegórico es que, cuando Dante dice que está soñando quiere decir exactamente eso: que está dormido y atravesando por lo que conocemos actualmente como la ya citada etapa REM. Tenemos de testigo a san Bernardo (el santo, no el perro), quien al notar que Dante está por despertarse, acorta su plática para prolongar su sueño y permitirle ver a Dios ("Mas como escapa el tiempo que te aduerme / pararemos aquí").

5 Plazzi, G., 2013, Dante's description of narcolepsy, *Sleep Medicine*, 14, 1221-1223.

Al inicio de la obra podemos reconocer en Dante esa sensación de desorientación que nos acompaña cuando estamos a punto de quedarnos dormidos:

> A mitad del camino de la vida,
> errante me encontré por selva oscura,
> en que la recta vía era perdida.
> [...]
> Yo no sé repetir cómo entré en ella
> tan soñoliento estaba en el instante
> que abandoné la senda verdadera.

A Plazzi le intriga que alguien tan meticuloso como Dante omitiera explicarnos la razón de que se encontrase deambulando en un estado tan soñoliento, a menos que el sonambulismo no se tratase de una situación fuera de lo normal para el poeta. Contrasta esto con la precisión con que Dante detalla otras manifestaciones que acompañan a sus sueños y alucinaciones (a los que se refiere explícitamente como visiones), y que son típicas de la narcolepsia: transiciones repentinas entre el sueño y la vigilia ("que por divagación cerré los ojos, / y en sueño convertí mi pensamiento), siestas cortas y recuperadoras ("cual hombre / que a la fuerza despierta, me repuse; / y el ojo reposado volví en torno") y la cataplejía desencadenada por emociones fuertes[6] que define al tipo 1 ("desfallecí como si me muriese; / y caí como un cuerpo muerto cae).

6 Haber escuchado en el Infierno la trágica historia de amor de Paolo y Francesca. No dejen de leerla, que aquí los espero sin prisas. ¿Qué les pareció? Continuemos entonces con nuestro recorrido...

Para Plazzi, Lombroso y otros médicos, es bastante improbable que la exactitud de Dante en materia de trastornos del sueño fuera meramente accidental, por lo que consideran que es mucho más plausible la hipótesis de que sueños, alucinaciones y desfallecimientos en verdad hubiesen afligido a Dante durante su vida, y hecho de él el caso más afortunado de narcolepsia en toda la historia de la literatura universal.

Cuarta sala: Enfermedades muscoesqueléticas

Dante evidencia su familiaridad con la anatomía humana por su empleo continuo de terminología propia de esta rama médica. Si no es tan evidente al leerlo, la culpa es de los traductores, pues no es raro que, por ejemplo, cuando el poeta escribe "omero" ("húmero" en italiano) para referirse al hueso más largo del brazo, que se extiende desde el hombro hasta el codo, en español aparezca coloquial y simplemente como "brazo", cuando no metamorfoseado a veces en "hombro" y a veces en "flanco"; como en el canto XVI del Purgatorio: "vino hacia mí ofreciéndome su hombro" ("*mi s'accostò e l'omero m'offerse*").

Otros términos anatómicos han corrido mejor suerte en general, como "calcagne" ("calcáneo" en italiano), que es el hueso que forma el talón y que, si bien los traductores[7] prefieren dejarlo tan sólo como "talón", no deciden nombrarlo "tobillo" ni lo mandan a otra parte del pie. Y "giunture" es traducido sin mayor inconveniente como "articulaciones".

7 Al menos aquellos consultados por mí: el ya citado Cayetano Rosell, Bartolomé Mitre o, más recientemente, Ángel Chiclana.

Francesco Manzini y sus colegas ortopedistas de la Universidad de Milán-Bicoca opinan que Dante algo sabía también de fisiología de la médula espinal[8]. La médula espinal es el tejido nervioso que se extiende, rodeado de vértebras, desde la base del cráneo hasta el centro de la espalda y que recibe y envía mensajes desde y hacia el cerebro. Una lesión de la médula debida a, pongamos por caso, un golpe en el cuello, puede causar una parálisis temporal o permanente y esta relación estaba plenamente identificada en el medioevo. Tal vez por ello en la décima fosa del octavo círculo del Infierno, en la que los falsificadores reciben su castigo, al ser mordido el alquimista Capocchio por quien en vida fue un famoso suplantador de identidades, Gianni Schicchi, en el "nudo del cuello", el falsificador de metales cae de inmediato al suelo, paralizado ("le hizo arañar el suelo con el vientre").

Sin abandonar este círculo, en la sexta fosa los hipócritas sufrirán de una lumbalgia (un dolor en la parte baja de la espalda) crónica por cargar "doradas capas" que, aunque parezcan de oro, "son de plomo, tan gruesas, que los pesos / hacen así chirriar a sus balanzas". Este tipo de castigo no se aligera demasiado al llegar al Purgatorio, pues ahí los penitentes llevan a sus espaldas bloques de piedra tamaño Pípila:

> Cierto que más o menos contraídas,
> según el peso que portando estaban;

8 Manzini, F., Maurina, M. y Riva, M.A., 2015, Dante and musculoskeletal diseases: Anatomy and patophysiology of orthopedic and spinal disorders in the Middle Ages, Spine, 40(18), 1467-1469.

y aún aquel más paciente parecía
decir llorando: «Ya no lo resisto.»

¿Quién, que haya sufrido de un dolor lumbar agudo, no entendería porqué casi chillan los sísifos dantescos que tan lastimeramente se quejan?

Purgatorio de la Geología
Primer campo: Geomorfología

Dentro de la ciencia de la geología tenemos a la geomorfología, que estudia cómo se forman llanuras, valles, cuevas, mesetas, acantilados, montañas, cordilleras... En una palabra, relieve.

Es natural que, en su lectura de *La divina comedia*, ante los ojos entrenados del geólogo Marco Romano no pasen desapercibidos lo que él identifica como metáforas geomorfológicas: el uso de elementos paisajísticos para transmitir muy diversas ideas, de manera que, desde el primer canto, Dante nos coloca "al pie de un monte, / allí donde aquel valle terminaba / que el corazón habíame aterrado". El ascenso del monte representa, según algunos críticos literarios[9], el camino de la redención desde el estado de "aberración moral e intelectual" —la archiconocida selva oscura— en que se hallaba el poeta.

Metáforas aparte, en ocasiones Dante se refiere en sus versos infernales a auténticos accidentes geográficos, como en el octavo círculo, cuando describe

9 Para satisfacer a los lectores más curiosos y a aquellos provenientes del área de Humanidades, que a gritos exigen: "¡Nombres! ¡Nombres!", aquí van dos pesos pesados en estudios dantescos: Antonio Gualberto de Marzo en el siglo XIX y Giorgio Petrocchi en el XX.

un deslizamiento, término que en geología designa a un desplazamiento de masa de tierra por una pendiente:

> Repuso entonces: «Antes que lo esperes,
> hay un peñasco, que de la gran roca
> sale, y que cruza los terribles valles,
> salvo aquí que está roto y no lo salva.
> Subir podréis arriba por la ruina
> que yace al lado y el fondo recubre.»

Lo que el fraile Catalano —quien es quien habla en estas líneas— llama "ruina" es, según Romano, el deslizamiento por el que pueden subir caminando, y así salir de la sexta fosa, los dos excursionistas más famosos de la Literatura Universal para evitar que se los lleve el diablo —más bien los demonios chapuceros que los rodean— a quién sabe dónde.

Desde el Infierno tenemos también la mención a la cascada del río Acquacheta en el lago de San Benedetto en los Alpes ("resuena allí sobre San Benedetto, / de la roca cayendo en la cascada"), a los ríos, lagos, pantanos y valles de la zona de los montes Apeninos "entre Garda y [Valle] Carmónica", y a la llanura padana, que toma su nombre del río Po ("si es que vuelves a ver del dulce llano, que de Vercelli a Marcabó desciende"), entre otras unidades geomorfológicas del paisaje italiano que bien podrían formar parte de un folleto turístico ("Tour Italia Infernal: Como lo leyó en *La divina comedia*").

Segundo campo: Sismología

A Dante no le tembló la mano a la hora de describir un sismo en el Canto III, poco después de que Caronte, único lanchero autorizado para prestar el servicio de taxi acuático en el Hades, rehusaba transportarlo por no cumplir con el requisito de estar muerto:

> Y dicho esto, la región oscura
> tembló con fuerza tal, que del espanto
> la frente de sudor aún se me baña.
> La tierra lagrimosa lanzó un viento
> que hizo brillar un relámpago rojo
> y, venciéndome todos los sentidos,
> me caí como el hombre que se duerme.

A los lectores de este siglo puede parecernos extraña la mención a un viento como acompañante del temblor, pero no a los contemporáneos de Dante, pues desde Aristóteles, pasando por Avicena y por un tal Ristoro D'Arezzo —menos famoso ahora que en el medioevo—, existía la teoría de que bajo tierra podían generarse vapores o vientos secos que al pasar por lo que serían las "venas" de la Tierra provocaban los sismos.

Los sismos son a Dante lo que los volcanes a Virgilio, y nos volvemos a encontrar con movimientos telúricos en el Canto XXI, cuando nos enteramos por el demonio Malacola que el Dúo Poético no puede salir del quinto foso porque "yace todo despedazado el arco sexto", pues "Ayer, cinco horas más que en esta hora, / mil y doscientos y sesenta y seis años / años hizo, que aquí se hundió el camino"[10]

10 Según el cálculo endiabladamente preciso de este demonio, este es el tiempo transcurrido desde que el sismo que acompañó a la muerte de Cristo causó el colapso del puente en el sexto foso. Viendo su destreza con los números, Malacola, o Malacoda en italiano, bien pudo haber sido rebautizado como Buonatesta, o Buenacabeza en español.

Otro sismo es mencionado en el Canto XXXI:

> No hubo nunca tan fuerte terremoto,
> que moviese una torre con tal fuerza,
> como Efialtes fue pronto en revolverse.

¿Cómo no iba Efialtes, al moverse, a hacer que retemblara en sus centros su madre (Gea, la Tierra, en la mitología griega), cuando se trata de uno de los gigantes que se rebeló contra Zeus?

Pero es en el Canto XII donde Dante demuestra que él no necesitaba esperar a que el naturalista Ulisse Aldrovandi introdujera en 1603 el término "geología" para aplicarla a las posibles causas del deslizamiento de Lavini di Marco, que se encuentra en afloramientos rocosos[11], con una antigüedad de 200 millones de años, de la parte occidental del Monte Zugna Torta, al norte de Italia:

> Era el lugar por el que descendimos
> alpestre y, por aquel que lo habitaba,
> cualquier mirada hubiéralo esquivado.
> Como son esas ruinas que al costado
> de acá de Trento azota el río Adigio,
> por terremoto o sin tener cimientos,
> que de lo alto del monte, del que bajan
> al llano, tan hendida está la roca
> que ningún paso ofrece a quien la sube;

11 Un afloramiento o formación rocosa es un lugar donde es posible observar la roca o las rocas o las capas de sedimento que se fueron depositando en ese lugar, gracias a que la cobertura de vegetación es muy escasa, por lo que son de gran utilidad para los paleontólogos a la hora de reunir y datar fósiles.

En estos versos Dante usa la palabra "alpestre" como sinónimo de "montaña" y, de acuerdo con Romano, el poeta hace suya la explicación del sacerdote y erudito medieval Albertus Magnus, quien había propuesto que los terremotos o la erosión ("sin tener cimientos") eran las posibles causas de su formación, siendo correcta esta última[12]. "Una vez más Dante provee las interpretaciones dadas por la ciencia de su tiempo", nos dice Romano para concluir nuestro breve paseo por la geopoesía del inframundo, "remarcando implícitamente la diferencia entre imaginación poética y realidad fenomenológica".

Paraíso de la Física

Primera esfera: Gravitación

A diferencia del siglo XXI, en el que los terraplanistas aseguran que las fotografías de nuestro planeta son falsas, la gravedad un invento y la Tierra tan plana como la mesa en la que se sientan a hablar sobre su teoría de la conspiración, en la Europa de la Edad Media la esfericidad de la Tierra era una idea más que aceptada. Más interesante para Dante y sus contemporáneos era elucubrar sobre lo que pasaba en el extremo opuesto de la Tierra: las antípodas.

En *La divina comedia* el centro de la Tierra esférica es ocupado por Lucifer. Este ángel caído no perdió tiempo para, durante su caída, excavar el hoyo en que

12 En 2014 un equipo de geólogos determinó que la edad promedio del deslizamiento de Lavini di Marco es de 3,000 ± 400 años: Martin, S., Campedel, P., Ivy-Ochs, S., Vigano, A., Alfimov, V., Vockenhuber, C., Andreotti, E., Carugati, G., Pasqual, D. y Rigo, M., 2014, Lavini di Marco (Trentino, Italy): 36Cl exposure dating of a polyphase rock avalanche. *Quat. Geochronol.*, 19, 106-116.

se encuentra el Infierno atravesado por Dante y Virgilio; cuando el segundo le advierte al primero que ya han pasado por el centro, considera igualmente oportuno indicar que es "el punto / en que converge el peso de ambas partes", esto es, del hemisferio de tierra y el hemisferio de agua en que, según la cosmografía medieval, está dividido el planeta ("el otro hemisferio / que es contrario de aquel que la gran seca / recubre").

De acuerdo con la física Amelia Carolina Sparavigna[13], de los versos anteriores es posible inferir que, para Dante, la gravitación era un "poder" (el concepto de "fuerza", como algo capaz de producir un cambio en el estado de reposo o de movimiento de un cuerpo, tendría que esperar unos cuantos siglos más a que lo definiera Newton) aplicado a cualquier masa que, dada la simetría esférica del mundo, estaba dirigido hacia el centro de éste. Es de nuevo la cosmografía medieval la que, en su modelo teórico, hace que el centro de la Tierra sea también el de un universo compuesto de nueve cielos que son esferas concéntricas en rotación.

Una vez que pasa la octava esfera —la de las estrellas fijas—, Dante asciende a la que contiene a todas las otras: el Primer Móvil (o, para practicar nuestro latín, el Primum Mobile), que es puesto en movimiento por la luz y el amor divino y que, al moverse, no sólo activa al resto de las esferas ("Su movimiento no mide con otro, pero los otros se miden con éste") sino que es responsable de la existencia del tiempo ("y cómo el tiempo tenga en este vaso / su raíz y en los otros la

13 Sparavigna, A.C., 2016, Physics and Optics in Dante's Divine Comedy, *Mechanics, Material Science & Engineering*, 3(1), 184-193.

enramada"). Aunque no se trata, ni de lejos, de relatividad, es diabólicamente (¿o divinamente?) interesante cómo estos versos indican la idea de una asociación entre el espacio y el tiempo.

Segunda esfera: Óptica

Cuando, en el Canto XV del Purgatorio, ante Dante aparece un ángel, el poeta describe el comportamiento de un rayo de luz:

> Como cuando del agua o del espejo
> el rayo salta a la parte contraria,
> ascendiendo de un modo parecido
> al que ha bajado, y es tan diferente
> del caer de la piedra en igual caso,
> como experiencia y arte lo demuestran;
> así creí que la luz reflejada
> por delante de mí me golpease;

Estos versos pueden ser aprovechados por todo estudiante que desee impresionar a su maestro de Física la próxima vez que, en un examen deba escribir una de las leyes de la reflexión: que el ángulo con respecto a la normal con que incide un rayo de luz sobre una superficie es igual al ángulo con que es reflejado por ésta. ¿Por qué no, si de recitar la ley de la reflexión se trata[14], hacerlo lo más poéticamente posible con *La divina comedia* bajo el brazo? Dante nos dice que la luz llegó a él como si hubiese sido reflejada por una superficie de agua o un espejo, y que lo hizo formando

14 Que sea mejor entender las leyes de la reflexión y explicarlas con nuestras propias palabras es, por supuesto, lo deseable al estudiar.

ángulos iguales ("de un modo parecido") a ambos lados de la línea perpendicular (la dirección normal a la superficie) que forma "el caer de la piedra" con la superficie reflejante.

Es curioso (al menos para mí) que algunos traductores reemplazaron el término "refracción" ("rifratta", "refractada" en italiano) usado por Dante por la —físicamente correcta— palabra "reflexión", enmendándole así la plana al poeta para los lectores del siglo XXI que tienen presentes sus lecciones de óptica. Amelia Carolina Sparavigna nos explica que esto no se debió a confusión alguna de parte del poeta: lo que pasa es que en ese entonces no existían dos términos diferentes para refracción y reflexión.

Algo que será de importancia mayúscula en siglos futuros para el nacimiento de la ciencia moderna es que la precisión que hace Dante acerca de que la validez del fenómeno de reflexión por él contemplado se debe, no a la intervención de Dios ni de ningún ente sobrenatural: para probar que la luz se comporta como él dice son necesarios "arte" y "experiencia"; nosotros diríamos "teoría" y "experimentación"[15].

El actor Roberto Benigni recuerda sobre su glorioso paisano que "Cuando era un niño pequeño, leía a Dante y me decía a mí mismo: 'Bravo, Dante, bravo'. Es tan hermoso: la música, el sonido, el significado. Quería llamarlo por teléfono, como un amigo". Hoy tal vez querríamos organizar una videoconferencia con él.

15 De hecho, el poeta Henry Wadsworth Longfellow, al traducir *La divina comedia* al inglés, no dudó en escribir "experiment" donde aparecía "esperienza".

EL INGENIOSO HIDALGO DON QUIJOTE DE LA MANCHA

CERVANTES Y MENTES INSANAS Y MENTES ESTRATÉGICAS EN JUEGO

Will McAvoy (Jeff Daniels): ... Estoy en una misión civilizatoria. Soy don Quijote.
MacKenzie McHale (Emily Mortimer): Yo soy don Quijote.
Will: ¿Has leído tan siquiera *Don Quijote*?
MacKenzie: En francés, en el original.
The Newsroom, I'll Try to Fix You (2012)

"Y, diciendo esto, dio de espuelas a su caballo Rocinante, sin atender a las voces que su escudero Sancho le daba, advirtiéndole que, sin duda alguna, eran molinos de viento, y no gigantes, aquellos que iba a acometer..." Uno de los episodios más conocidos —si no es que el más— de El *ingenioso hidalgo don Quijote de la Mancha* es el que da sentido a la frase "pelear con molinos de viento". Verdad es que luchar contra enemigos imaginarios no es exclusivo de quienes los lectores de Cervantes en el siglo XVII tildarían de locos y, teniendo en astillero las lanzas de la psiquiatría y la neurología modernas, sus lectores en el siglo XXI diagnosticarían de maneras algo menos estigmatizantes, y algo más jerguísticas, como se enterarán los lectores que busquen desfacer las incógnitas de la insanidad de don Quijote.

Detrás del hilarante don Quijote, un delirante Alonso Quijano

Mucha tinta ha corrido desde la psiquiatría sobre la naturaleza de la insanidad de don Quijote, y el primero de quienes intentaron definirla con base en la medicina fue el cirujano Philippe Pinel, pionero en la clasificación y tratamiento de las enfermedades mentales. En el siglo XIX, Pinel usó un término creado por su discípulo y colaborador Jean Etienne Esquirol para colgar la etiqueta de monomanía al Caballero de la Triste Figura. Un monomaníaco intelectual sufre de una locura parcial y una obsesión por una sola idea que, en don Quijote, es claro que se trata de la caballería andante.

En la primera mitad del siglo XX Emil Kraepelin, considerado el padre de la psiquiatría moderna, propuso un nuevo sistema de clasificación de trastornos mentales en el que don Quijote pasó de monomaníaco a paranoico. Kraepelin definía a los pacientes paranoicos como personas con "imaginaciones mórbidas" que transformaban su percepción de la realidad. Para Kraepelin, un paranoico como el Caballero de los Leones está convencido de su grandeza (por ser descendiente en espíritu de grandes caballeros), y además se siente amenazado por una persecución sistemática (de hechiceros y encantadores). Cualquier parecido con uno que otro dirigente político actual no es ninguna coincidencia.

No han faltado tampoco los que han querido ver en la cercanía de Sancho Panza lo que se conoce como *folie à deux*, una "locura de dos" o, en términos menos coloquiales, un trastorno psicótico compartido: un desorden mental que se caracteriza por el desarrollo de síntomas pisquiátricos en quien tiene una relación cercana con otro individuo con una enfermedad mental. Vijay Kumar, el neuropsiquiatra proponente de esta teoría, sugiere que el escudero de don Quijote fue finalmente contagiado por los delirios de su señor (en dos palabras: fue quijotizado), en particular en cuanto a sus delirios de grandeza[1] (muestra de esto es cuando Panza habló así a su mujer: "siendo Dios servido de que otra

1 Kumar, V., 2011, Don Quixote and Sancho Panza: Folie *à deux*, *The British Journal of Psychiatry*, 198, 326-327.

vez salgamos en viaje a buscar aventuras, vos me veréis presto conde o gobernador de una ínsula, y no de las de por ahí, sino la mejor que pueda hallarse"). De estar Kumar en lo correcto, Cervantes se habría adelantado 250 años al primer reporte en una obra de ficción de una locura compartida, ya que éste es generalmente atribuido al autor brasileño Joaquim Maria Machado de Assis, en un relato de 1879 titulado El *ángel Rafael*.

En el presente siglo, el más reciente y minucioso análisis psicohistórico del protagonista de la novela epónima cervantina es obra del psiquiatra Francisco Alonso Fernández, profesor emérito de la Universidad Complutense de Madrid[2]. Con psicohistoria Fernández se refiere a la evaluación, mediante las metodologías propias de la psiquiatría y de la historia, de la salud mental de don Quijote[3]. Este investigador remarca que la naturaleza ficticia del paciente no es en modo alguno obstáculo para hacer el cuadro clínico correspondiente a partir del registro literario e histórico (en cuanto a ser un personaje de ficción que, en las páginas del libro, vive y respira durante el Siglo de Oro español) consignado por la pluma de Cervantes.

Donde ojos nada expertos, y de forma apresurada y errónea, han adjudicado a la demencia el comportamiento de don Quijote (un trastorno mental usualmente irreversible, lo que de entrada y en vista de los episodios de lucidez del personaje, nos permite descartarla), Alonso Fernández afirma que éste sufría de

2 Alonso-Fernández, F., 2016, Don Quijote, un paciente mental glorioso y kafkiano, *Salud Mental*, 39(4), 229-234.

3 No confundir con la psicohistoria de la que habla Isaac Asimov en su trilogía original de las Fundaciones y que consistía en el uso de las matemáticas, la psicología y la historia para predecir el futuro del Imperio Galáctico.

delirio de autometamorfosis megalómano global. Desmenucemos cada uno de estos términos y, de la mano del psiquiatra, veamos la evidencia en que se basó para asignarlos:

A quien le gusta coleccionar tecnicismos rimbombantes y sacarlos a relucir en las tertulias entre amigos puede que, en vez de delirio, prefiera hablar de trastorno de deterioro cognitivo. Fernández lo define como "una reconstrucción desrazonada de la realidad, mantenida con una convicción profunda e impermeable a las experiencias personales y a la refutación lógica". Si hace siglos demencia y delirio se cocían en la misma olla, desde hace dos siglos el segundo es más popularmente conocido como psicosis[4].

Autometamorfosis quijotil

Con autometamorfosis el psiquiatra se refiere a los cambios de identidad y en la imagen de sí mismo experimentados por Alonso Quijano quien, de ser un hidalgo cualquiera (es decir, un miembro de la baja nobleza. ¿Qué tan baja? Para su pesar, a un nivel por debajo de sus admirados héroes en armadura), se convirtió en un caballero andante de la orden instituida por el mítico rey Arturo, a la que —según dice Cervantes que dice don Quijote— pertenecieron héroes de la literatura caballeresca medieval como Amadís de Gaula y Tirante el Blanco.

De haber vivido en nuestros días, quizás en vez de devorar novelas de caballerías Alonso Quijano se habría

4 En rigor, un tipo de esta última: la psicosis paranoide que, a diferencia de otras psicosis, no se debe al consumo de drogas, alcohol u otras sustancias, ni es consecuencia de traumatismos u otras lesiones.

atiborrado de cómics, transformado en un superhéroe a la manera de Dave Lizewski —el joven protagonista de *Kickass*, creado por Mark Millar—, y patrullado las calles por las noches. Tal vez, como otro personaje de Kickass, Quijano habría llegado al extremo de creer que ponerse un traje de elastano y una capa eran suficientes para adquirir, entre otros superpoderes, el de volar (las previsibles e indeseadas consecuencias de esta última autosupermetamorfosis heroica hacen que las ilusiones y el cuerpo del personaje se estrellen contra el suelo, en lo que fue su primera y última aparición).

Megalomanía quijotesca

Sobre la megalomanía de don Quijote, trastorno de la personalidad cuyo rasgo definitorio es que quien lo padece está convencido de que sus pensamientos y acciones son grandiosos y cuenta con una autoestima tan alta que los lleva a alterar la realidad, puede establecerse un paralelismo: si hoy las películas del Universo DC nos dicen: "Siempre se tú mismo... a menos que puedas ser Batman", en la España del Siglo de Oro la transformación megalomaníaca en la autoimagen de Alonso Quijano no significaba para él creerse poseedor de la inteligencia y capacidad deductiva del mejor detective del mundo, y de "resistencia, velocidad, agilidad, fuerza, reflejos y coordinación al máximo de la perfección humana"[5]. No, lo análogo para nuestro hidalgo que "Frisaba la edad [...] con los cincuenta años"

5 Todos estos atributos físicos provienen de la base de datos en línea sobre Batman (DC Database). La lista abarca varios párrafos, pero creo que con las palabras citadas ya nos damos una idea del delirio megalomaníaco que representaría despertarse un día creyéndose estar a la par de Batman.

(un anciano para los estándares de esa época) fue verse a sí mismo, en palabras de Alonso Fernández, como "un individuo juvenil revestido por las más excelsas cualidades psíquicas, físicas, sociales y eróticas, presentándose como hercúleo, valeroso, famoso y un seductor irresistible".

Este delirio megalomaníaco de autometamorfosis caballeril se fortaleció en don Quijote al abarcar y transmutar la realidad que lo rodeaba, ya que, razonaba, si Sancho y los otros no compartían su visión, todo era por culpa del "artificio y traza [...] de los malignos magos que me persiguen". Eran esos hechiceros los que maliciosamente cambiaban lo que otros ojos, menos los de don Quijote, veían ("cuán fácil sea a los encantadores mudar unos rostros en otros, haciendo de lo hermoso feo y de lo feo hermoso"). La motivación del imaginario mago Frestón, según don Quijote y de manera congruente con su delirio de grandeza, no podía ser otra que la pura envidia que sus hazañas despertaban ("por quitarme la gloria del vencimiento de las manos").

Hipomanía quijotizada

Añade Alonso Fernández que el delirio de su tocayo Alonso Quijano estuvo acompañado por una hiperactividad psicomotora y una disminución en la necesidad de dormir, y que ambos cambios conductuales lo llevan a pensar que se trataba de una hipomanía. Este tipo de manía (esto es, un estado de ánimo que se caracteriza por una exaltación o euforia anormalmente elevada) no tiene un impacto significativo en el paciente o, dicho de otra forma, no es suficientemente severa como para impedirle que continúe realizando sus actividades diarias, sean éstas la administración de su hacienda o "desfacer agravios, socorrer viudas y amparar doncellas".

Al psiquiatra le parece que Cervantes yerra cuando achaca el cuadro hipomaníaco de Alonso Quijano a su lectura "con tanta afición y gusto" de libros de caballería ("con estas razones perdía el pobre caballero el juicio", "del poco dormir y del mucho leer, se le secó el cerebro, de manera que vino a perder el juicio"). Según este investigador, la lectura excesiva —más bien posesiva— en Alonso Quijano es más bien un síntoma de su trastorno mental; se trata de lo que en jerga médica se conoce como un factor patoplástico (nada que ver con juguetes de bañera): algo que ocasionó que su trastorno mental se expresara de cierta forma. De acuerdo con este diagnóstico, el delirio megalomaníaco ya estaba ahí, y si en vez de novelas de caballería hubiese leído —perdonando los anacronismos— libros bélicos, de espionaje, cómics de superhéroes o la Biblia, es posible que, en lugar de cambiar su identidad por la de un Lanzarote (de ahí el cambio de Quij-*ano* a Quij-*ote*), nuestro hidalgo habría elegido ser un Quijano Magno, un Quijano 007, un Superquijano o un nuevo Mesías.

Dos síntomas de los hipomaníacos relacionados con el espacio-tiempo, y manifestados por don Quijote, son:

- La percepción del paso del tiempo de manera discreta (a saltos) y no continua (como un flujo ininterrumpido). Para don Quijote, cada aventura es única y novedosa, lo que impide que aprenda de experiencias anteriores. Como veremos dentro de unos párrafos, al hablar de la teoría de juegos, esto será bastante desfavorable para él.

- La dromomanía (nada que ver con acumular dromedarios[6]), que es una obsesión por evitar permanecer en un mismo sitio, y que en hipomaníacos se debe a que el mundo entero no es lo suficientemente grande para su ego. Las tres salidas de don Quijote son, en vez de fugas, el paso lógico (o, en todo caso, congruente con su cambio de identidad y su autoimagen) para restablecer la justicia urbi et orbi ("[soldados y caballeros] somos ministros de Dios en la tierra, y brazos por quien se ejecuta en ella su justicia". Y con esto Dios no iba a referirse, suponemos, únicamente a un pueblito perdido en los mapas).

Quijotería bipolar

De acuerdo con el Manual Diagnóstico y Estadístico de los Trastornos Mentales de la Asociación Norteamericana de Psiquiatría, el trastorno bipolar tipo II se caracteriza por episodios hipomaniacos y depresivos. De acuerdo con Alonso Fernández, "los depresivos se sienten culpables de todo y los hipomaníacos de nada", y ya vimos que don Quijote no dudaba en achacar sus fracasos a las perniciosas intervenciones de Frestón y una caterva de brujos.

Para etiquetar a nuestro hidalgo como bipolar nos hace falta verificar la existencia de episodios depresivos. Estos episodios, ondas depresivas que "en forma

6 Para evitar esta improbable confusión, otros nombres que recibe la dromomanía son poriomanía, drapetomanía, ecdemomanía, ecdemonomanía, manía errabunda y automatismo ambulatorio.

de ráfagas cortas o fugaces inducidas por factores externos" aparecen en el texto de Cervantes, han sido identificados por quien a la altura de estas líneas se ha ganado el título de psiquiatra de cabecera de Alonso Quijano. Sirvan dos ejemplos de ellos: el abatimiento de don Quijote al salir de la cueva de Montesinos y la soledad que le provocó la ausencia de Sancho cuando éste fue nombrado Gobernador de la Ínsula Barataria.

Erotomanía quijoteriana

La erotomanía o delirio erótico de don Quijote, bastante alejado del donjuanismo de José Zorrilla[7], es también un tema acometido sin rubor por Alonso Fernández. Don Quijote creía que tenía sobre toda mujer el mismo efecto que Chris Hemsworth (o que Henry Cavill, si se es fanático de las películas de la compañía rival). Este imaginario enamoramiento de las féminas era respondido de manera platónica, espiritual, y ajena a toda carnalidad de parte de don Quijote, para quien, señala el psiquiatra, se traducía en un halago a su masculinidad, o en tentación femenina, o en obra maléfica de los envidiosos magos que con ello pretendían apartarlo de su —platónicamente— amada Dulcinea.

Que la erotomanía de don Quijote fuera platónica no se debió a que Alonso Quijano fuese un ingenuo en el terreno sexual (Alonso Fernández recuerda el "Para lo que yo le quiero, sabe más que Aristóteles" con que don Quijote remata el cuento de una viuda), sino más bien a factores biológicos (su edad avanzada), psíquicos

7 "Dadme un día para enamorarlas, otro para conseguirlas, otro para abandonarlas, otro para sustituirlas y una hora para olvidarlas", era el credo de Don Juan Tenorio.

(poca práctica como consecuencia de un laaargo celibato) y espirituales (estar los placeres de la carne por debajo de los deberes de un caballero andante).

"Acuso de cervanticidas a los que niegan la enfermedad mental de don Quijote", amonesta Alonso Fernández, consciente de que no son pocos los que consideran meras elucubraciones estos intentos desde la ciencia de examinar la mente o, peor aún, el cerebro inexistente de una creación literaria. Es posible que su diagnóstico sea bastante certero, o todo lo certero que puede ser con base en la sintomatología de don Quijote y sin un cerebro al que hacer pruebas diversas en manos de los neurólogos, pero aún es necesario responder cuál fue la causa de su delirio: ¿cáncer? ¿Tumores en el cerebro? ¿Edad avanzada? ¿Deterioro de la visión o la audición? ¿Parkinson? ¿Algún otro?

El Caballero de la Triste y Famélica Figura

Barry Ife, experto en historia cultural de España durante el Siglo de Oro, conjetura que la falta de sueño y la mala nutrición fueron las responsables de la enfermedad mental de El Caballero de la Desnutrida Figura. Al parecer, los malos hábitos de Alonso Quijano se parecían bastante a los de un adulto soltero de nuestros días que se desvela viendo maratones en Netflix y comiendo pizzas y botanas. Para Ife, la dieta de don Quijote era "frugal, monótona y poco apetitosa". Y es verdad que no se antoja demasiado comer "una olla de algo más vaca que carnero, salpicón las más noches, duelos y quebrantos los sábados, lantejas los viernes, algún palomino de añadidura los domingos".

Ife añade que, aunque en la vida "real" Alonso Quijano pudo haber añadido algo de pan y vino, y quizás algunas frutas y verduras, como Cervantes no lo menciona él tampoco lo considera en su análisis nutricional, según el cual don Quijote consumía diez veces menos calcio y vitaminas C y E que la dosis diaria recomendada para una persona de su edad y con un estilo de vida sedentario, por lo que, además de delirar, don Quijote muy probablemente sufría de osteoporosis y escorbuto[8].

Julio Antonio Carbayo Herencia, experto en enfermedades cardiovasculares y cervantino apasionado, no se limitó a evaluar la dieta cotidiana de Alonso Quijano enlistada en las primeras líneas de la novela (y dos párrafos atrás), y decidió meterse hasta la cocina en todos los capítulos en que se mencionan los más de 80 alimentos y decenas de platillos para, con recetas y tablas nutricionales en mano, determinar los ingredientes necesarios en la preparación de estos platos y así calcular los nutrientes y comprobar si don Quijote y el resto de los comensales que aparecen en las páginas de la obra de Cervantes seguían o no las recomendaciones consideradas saludables en la actualidad[9].

Hay en el Quijote, entre otros alimentos, abadejo, bacalao, pan, queso, cebolla, garbanzos, albondiguillas,

8 Ife, B., 2001, Don Quixote's diet, Bristol, University of Bristo Hispanic Studies; y Steffen, J., 2016, Malnutrition and psychosis in Don Quixote, *Sight and Live*, 30(2), 119-123.

9 Carbayo-Herencia, J.A., 2015, Alimentos relacionados con la novela *Don Quijote de la Mancha* ¿seguían las recomendaciones nutricionales saludables aconsejadas en la actualidad?, *Clínica e Investigación en Arterioesclerosis*, 27(4), 193-204.

sardinas, huevos, vino, lomos de conejo, empanadas y leche fresca, bellotas y nueces, y hay dos regiones gastronómicas: La Mancha y Cataluña. Con esta información, Carbayo Herencia concluye que la alimentación de hidalgos y pueblo manchego en general era baja en carbohidratos y alta en grasas, con un contenido de proteínas y colesterol más alto que el aconsejable en el caso de la nobleza acomodada (a la que no pertenecía Alonso Quijano). En la novela, los catalanes se nutrían mejor, pues los cálculos de Carbayo Herencia muestran que seguían parcialmente las recomendaciones actuales de una dieta saludable. Teniendo sobre la mesa esta evidencia, ¿serían irreversibles los efectos negativos del régimen nutricional que, no sabemos por cuánto tiempo, seguía don Quijote? ¿Su malnutrición fue realmente lo suficientemente severa como para culparla de su enfermedad mental?

El Caballero de los Cuerpos de Lewy

Los médicos Pedro García Ruiz y L.L. Gulliksen prefieren aventurar una causa mucho más directa y digerible del estado de salud mental (o falta de ella) de don Quijote desde la neurología y con base en el siguiente cuadro clínico del paciente[10]:

1. Deterioro cognitivo caracterizado por desorientación del tiempo ("¿Cuánto ha que baje" [...] "Poco más de una hora" [respondió Sancho] "Eso no puede ser [...] a mi cuenta, tres días he estado en aquellas

10 García-Ruiz, P.J. y Gulliksen, L., 1999, Did Don Quixote have Lewy body disease? *Journal of the Royal Society of Medicine*, 92, 200-201.

partes remotas"), confundir personas (creyó que el cura de su aldea era el arzobispo Turpín) y comportamiento agitado ("estaba levantado de la cama, y proseguía en sus voces y en sus desatinos, dando cuchilladas y reveses a todas partes, estando tan despierto como si nunca hubiera dormido").

2. Síntomas neuropsiquiátricos; entre ellos, alucinaciones visuales y auditivas ("porque ves allí [...] treinta, o pocos más, desaforados gigantes") y delirios paranoides ("Todo es artificio y traza [...] de los malignos magos que me persiguen").
3. Fluctuaciones cognitivas, cambios bruscos en las habilidades mentales que en don Quijote van de un comportamiento aberrante a intervalos lúcidos ("habló don Quijote con tanta discreción en todas las materias que se tocaron, que los dos examinadores creyeron indubitadamente que estaba del todo bueno y en su entero juicio").
4. Desorden de la fase REM del sueño[11] ("y en la [mano] derecha, desenvainada la espada, con la cual daba cuchilladas a todas partes, diciendo palabras como si verdaderamente estuviera peleando con algún gigante. Y es lo bueno que no tenía los ojos abiertos, porque estaba durmiendo y soñando que estaba en batalla con el gigante").

La enfermedad que cumple con todos estos criterios clínicos es la demencia con cuerpos de Lewy, que son estructuras formadas por acumulación anormal de proteínas en el citoplasma de las neuronas, y que es el tipo más común después del mal de Alzheimer.

11 Fase de la que ya hemos escrito en el capítulo sobre Dante.

García Ruiz y Gulliksen opinan que Cervantes pudo haber conocido a un paciente real con demencia con cuerpos de Lewy, y haberse inspirado en él para crear a don Quijote. Este diagnóstico no excluye el de Alonso Fernández, ya que, aunque delirio y demencia son trastornos neurológicos distintos, a menudo se presenta delirio en pacientes con demencia.

Si es difícil en extremo validar el diagnóstico de pacientes que vivieron hace siglos, es imposible hacerlo cuando, como con don Quijote, contamos con evidencia puramente circunstancial y no hay forma de aplicar las herramientas de la antropología forense en el cuerpo inexistente de este personaje de ficción. No obstante, el neurólogo José Alberto Palma y el cirujano Fermín Palma agregan, para dar más plausibilidad a la hipótesis de García Ruiz y Gulliksen, que Cervantes muestra un amplio conocimiento médico en su obra, pues *Don Quijote* está tan cargada de referencias neurológicas y de otras ramas de la medicina, que eminencias como Thomas Syhenham —apodado el Hipócrates inglés— y William Osler —considerado el padre de la medicina moderna— aconsejaban a sus discípulos leer esta novela para ser mejores doctores[12]. Sería posible abrir un restaurante llamado *El Quijote Gastronómico*[13], con un menú envidiable de platillos. La carta de patologías proveniente de la novela no es

12 Palma, J.A. y Palmba, F., 2012, Neurology and Don Quixote, *European Neurology*, 68, 247-257.

13 Otros comederos en México, con nombres como *La posada del Sancho* y *La fonda del Sancho*, ya existen, pero su intención es más bien explotar la sanchopancesca imagen de quien era buen comelón y mejor bebedor ("bebo cuando tengo gana, y cuando no la tengo y cuando me lo dan, por no parecer o melindroso o malcriado"), y no servir recetas cervantinas.

menos extensa: temblores nerviosos, apnea del sueño, síncopes, epilepsia, apoplejía, traumatismos diversos, dolores de cabeza, sífilis, dermatitis, lepra, viruela y —lo que no podía faltar en ninguna época— pediculosis[14] (es decir: infestación de piojos).

Detrás de la erudición médica de Cervantes tenemos que el escritor fue hijo de un cirujano sangrador (mezcla de enfermero y sacamuelas) y su hermana era enfermera; entre sus amigos abundaban destacados médicos, como Francisco Díaz (autor de un tratado de urología) y Antonio Ponce de Santa Cruz (autor de un tratado de epilepsia), y hay evidencia de que en su biblioteca de más de 200 volúmenes no faltaban los libros médicos; entre ellos, *Examen de ingenios*, de Juan Huarte de San Juan (no es ninguna errata, así se llamaba), es una de las obras fundadoras de la neuropsicología[15].

¿Y si la locura de don Quijote no hubiese sido tal? Tratándose de Cervantes y de la maestría con que entreteje en la novela diferentes niveles de narración, ¿quién puede asegurar que en realidad lo que leemos en esas páginas no es más que el triunfo casi completo del mago Frestón, quien ha condenado al más noble y gallardo de los caballeros andantes y a sus hazañas a ser transmutados ante nuestros ojos, sin haber conseguido ocultar con su magia la esencia heroica e idealista que enarbola don Quijote? Más de niveles de narración y juegos mentales a continuación:

14 Enfermedades identificadas por los ya citados Palma & Palma, y por Sáenz-Santamaría, M.C., García-Latasa, F.J., Gilaberte, Y., y Carapeto, F.J., 1995, Dermatologic diseases in Don Quixote: Skin conditions from Cervantes' pen, International Journal of Dermatology, 34(3), 212-215.
15 El estudio de la relación entre la anatomía y fisiología del cerebro y los procesos mentales y conductuales.

Estrategias sanchopancistas y teoría de juegos

Homero: Lo siento, Marge. ¡Éste es mi lance! Yo soy como ese tipo..., ese español..., ya sabes, el de los molinos.
Marge: ¿Don Quijote?
Homero: ¡No! El otro. ¿Cómo se llamaba? ¡El de la Mancha!
Marge: Don Quijote.
Homero: ¡NO!
Marge: El hombre de la Mancha era precisamente don Quijote.
Homero: ¡Ay, lo voy a buscar! [Busca en un libro].
Marge: ¿Quién era?
Homero: No importa.
Los Simpson, La chica nueva (1992)

Matthew A. Wyszynski, especialista en estudios cervantinos, nos alerta sobre el maquiavélico propósito del autor de *Don Quijote* de usar su obra para jugar con nuestra mente. Cervantes, nos dice Wyszynski, recurrió a una plétora de decisiones estratégicas con las que nos confunde, engaña o altera nuestra percepción sobre lo que cuenta en la novela: desde que, de entrada, no se asume como el narrador de una ficción y leemos que lo que leemos es, supuestamente, una traducción del árabe de supuestos hechos reunidos por un supuesto historiador que, se supone, se llama Cide Hamete Benengeli[16]. Con tantas suposiciones ante las que debemos decidir cómo reaccionar, y con muchas otras más ante las cuales los personajes tienen también que decidir cómo hacerlo, Cervantes se adelanta tres siglos y medio al estudio formal del pensamiento estratégico que hoy conocemos como *teoría de juegos*.

16 Wyszynski, M.A., 2015, Clueless in Don Quixote (1615): Sancho Panza and Game Theory, *eHumanista/Cervantes*, 4, 313-325.

La teoría de juegos analiza matemáticamente y con base en principios económicos las estrategias que dos o más personas o grupos de personas usan, al interactuar entre ellas, para tomar ciertas decisiones.

Lo que se *analiza matemáticamente* es el juego que da nombre a la teoría en sí y que consta de jugadores, acciones, información y ganancias. Que se trate de un juego no implica que tenga que ser divertido (aunque tampoco lo excluye) y ni siquiera que quienes en él participan tengan plena consciencia de que son parte de un juego en el que pueden ganar o perder ambas partes o en el que las pérdidas de uno sean la ganancia del otro (juego de suma cero).

Con *principios económicos* los estudiosos en esta área se refieren en particular a la teoría de la elección racional, que asume que en estas interacciones siempre nos comportamos racionalmente o, dicho de otra manera, que lo que queremos es obtener una ganancia; no cualquier ganancia: la mayor ganancia posible. Dos niños al intercambiar cartas de Pokémon saben perfectamente a qué nos referimos, y esta transacción ejemplifica también cómo "ganancia" puede significar cosas muy diferentes para distintas personas (y grupos de personas), por lo que lo que importa dentro de la teoría de la elección racional no es la naturaleza de lo que se gana ni la ética o moral detrás de cada elección, sino únicamente que son consistentes en su búsqueda por maximizar su ganancia.

Sin abandonar el Universo Pokémon, uno de los niños (el que lleva en el bolsillo sus ahorros del mes) puede decidir, en vez de intercambiar cartas, comprar el Charizard Gx Full que le ofrece su compañero, o invitarle un helado, o comprarse un banana split para comérselo él solo, o donar su dinero a la Cruz Roja, o cualquier otra elección cuya maximización en sus ganancias sea congruente con el tipo de persona que es (fanático nivel Mega de Pokémon, generoso, egoísta, glotón, altruista, etcétera).

Para que los participantes en el juego puedan planear y ejecutar estrategias que les permitan quedarse con la rebanada más grande del pastel (o con el pastel entero) es una condición indispensable que puedan construir una *teoría de la mente* de su oponente: deben tener la capacidad de ponerse en los zapatos del otro, imaginar qué es lo que éste piensa y cuáles serán sus posibles acciones, de manera que puedan considerarlas a la hora de decidir cómo responder a ellas.

En los tiempos renacentistas y en el Universo Cervantino es Sancho Panza, según Wyszynski, quien más claramente hace uso de la teoría de la mente en la novela. Como muestra de ello, Wyszynski examina el pasaje en el que, en la segunda parte del libro, don Quijote envía a su escudero a la ciudad de El Toboso para que encuentre ahí a su señora Dulcinea, "pidiéndola fuese servida de dejarse ver de su cautivo caballero, y se dignase de echarle su bendición". El Sancho que estas órdenes escucha hace ya varios capítulos que dejó de ser el mismo Sancho ingenuo que intentó, muy en vano y con no poco aspaviento, convencer a su amo de, entre otras realidades, la naturaleza molinera de gigantes ("¿Qué locura es ésta? Mire que no hay gigante ni caballero alguno, ni gatos, ni armas, ni escudos partidos ni enteros, ni veros azures ni endiablados").

Las experiencias del viejo Sancho con don Quijote le han permitido formarse una teoría de la mente de su amo: imaginar qué es lo que éste está pensando para anticipar sus acciones y reaccionar de manera que el nuevo Sancho salga lo mejor librado posible de las futuras aventuras con el Caballero de la Triste Figura. Como Don Quijote nunca logra construir una teoría de la mente de su escudero, lleva siempre las de perder con él a partir del momento en que Sancho usa su conocimiento sobre las motivaciones y forma de pensar de su amo para torcer la lógica de éste en su propio beneficio. Mientras Sancho tenga el poder de hacer creer a su amo lo que el escudero quiere que crea, será siempre el ganador del juego.

El juego en que don Quijote y Sancho se enfrentan cuando el primero envía al segundo por una inexistente Dulcinea a El Toboso puede visualizarse mediante lo que en teoría de juegos se conoce como árbol de juego, que es una representación gráfica (un grafo) de los jugadores y sus decisiones reducidas, en cada movimiento, a una elección binaria que, al menos en este caso, refleja con exactitud las opciones de don Quijote y Sancho Panza.

En este juego el propio Sancho resume su estrategia a seguir: "no será muy difícil hacerle creer que una labradora, la primera que me topare por aquí, es la señora Dulcinea; y, cuando él no lo crea, juraré yo; y si él jurare, tornaré yo a jurar; y si porfiare, porfiaré yo más, y de manera que tengo de tener la mía siempre sobre el hito, venga lo que viniere". En el árbol de juego vemos que, en efecto, mentir a don Quijote es siempre la única estrategia que maximiza su ganancia.

Sancho sabe que al decir la verdad —que no encontró a ninguna princesa Dulcinea, porque no existe— don Quijote no le creerá, o que si miente —asegurando que fue a El Toboso y que encontró a Dulcinea— y su amo no le cree, con ello se arriesga a que su amo lo mande de nuevo a El Toboso, donde debe añadir un segundo riesgo: el de ser linchado por el pueblo bueno y sabio o, más bien, por "la gente manchega", que "es tan colérica como honrada, y no consiente cosquillas de nadie" (menos si esta gente cree, como en aventuras pasadas de este par, que se están burlando de ella con patrañas de caballeros andantes y escuderos).

Que esta sencilla estrategia sanchopancesca triunfe, como ocurre en la novela (Sancho finge que fue a El Toboso, y aprovecha el paso de tres labradoras para hacerle creer a su amo que una de ellas es Dulcinea), debe mucho a que don Quijote nunca está consciente de que es parte de este juego y ni siquiera considera a su escudero como un jugador. El Caballero de la Mente Perdida es incapaz de ponerse en el lugar de Sancho para así considerar la posibilidad de que éste lo engañe en su propio beneficio; en vez de ello, prefiere concluir que, si sólo ve aldeanas y borricos donde Sancho le señala que hay damiselas y hacaneas[17], es porque "el maligno encantador" que lo persigue "ha puesto nubes y cataratas" en sus ojos. Sancho ha aprendido bien cómo piensa su amo, pero no al revés, y sin una teoría de la mente, es imposible que don Quijote contrarreste las jugadas —más bien jugarretas— de Sancho. Lo peor que le puede suceder a este último, caso de no creer sus mentiras don Quijote, es volver al punto de

17 Un tipo de caballo de cuyo nombre apenas me entero.

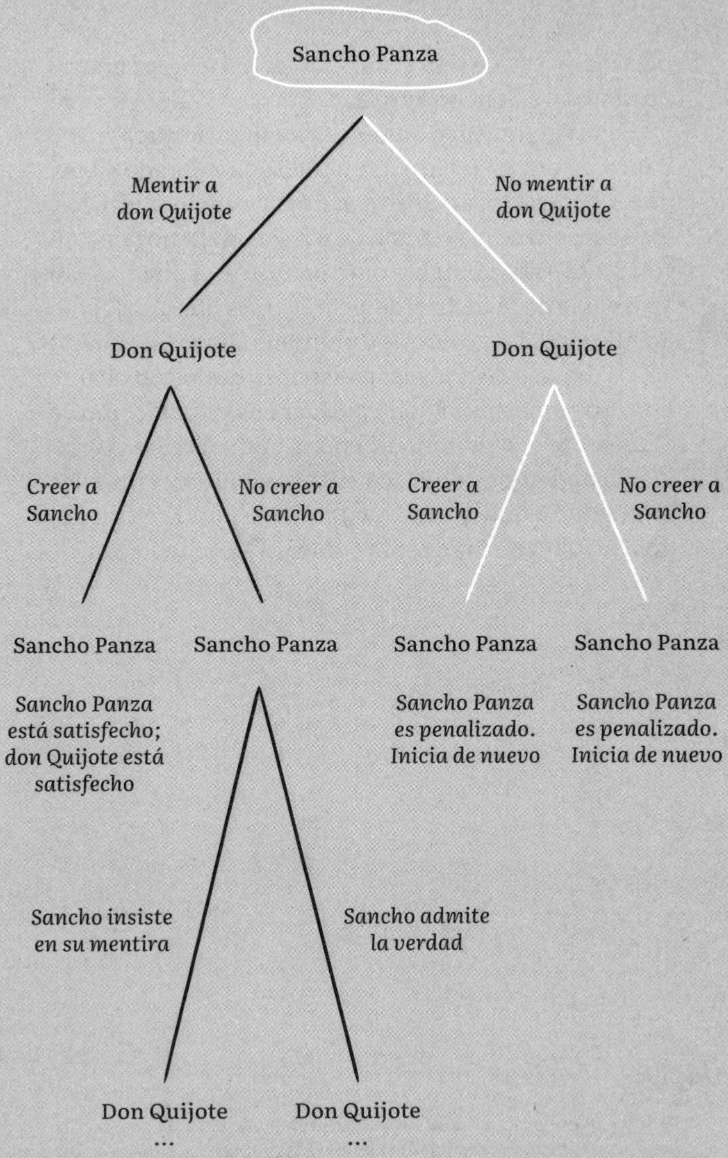
Sancho Panza
Mentir a don Quijote
No mentir a don Quijote
Don Quijote
Don Quijote
Creer a Sancho
No creer a Sancho
Creer a Sancho
No creer a Sancho
Sancho Panza
Sancho Panza
Sancho Panza
Sancho Panza
Sancho Panza está satisfecho; don Quijote está satisfecho
Sancho Panza es penalizado. Inicia de nuevo
Sancho Panza es penalizado. Inicia de nuevo
Sancho insiste en su mentira
Sancho admite la verdad
Don Quijote
...
Don Quijote
...

partida, y esto, ya lo vimos, no es el peor escenario posible para Sancho Panza.

Don Quijote tuvo la enorme fortuna de que Sancho Panza no era un pícaro ni un malintencionado y que, por el contrario, un gran cariño termino por unirlos. Este aspecto de la relación de pareja tan famosa y contrastante es tan notable que, incluso en películas tan alejadas de la Mancha y de aspiraciones literarias como *Zombieland*, luego de que Columbus (Jesse Eisenberg) y Tallahassee (Woody Harrelson) se deshacen de una horda de muertos vivientes, al ser cuestionado uno de ellos sobre si hizo todo eso por unos pastelitos twinkies[18], podemos ponernos en sus zapatos y entender realmente a qué se refiere cuando responde: "Oh, no, no... él lo hizo. Yo soy sólo como un Sancho Panza".

18 Si me lo preguntan, yo jamás habría arriesgado mi vida contra una pandilla de zombis por unos twinkies. No sé si por un Gansito.

EL SUEÑO DE UNA NOCHE DE VERANO Y LA TEMPESTAD

SHAKESPEARE Y CLIMÁTICOS CLÍMAX EN ESCENA

Traición, conspiración, sexo, peleas
con espadas, locura, fantasmas...
Y todos mueren. *Hamlet*, de Shakespeare,
no podría ser más emocionante.
El último gran héroe (*Last Action Hero*, 1993)

"Ser o no ser, esa es la cuestión", interrogaba el príncipe Hamlet a la calavera de su bufón Yorick en el soliloquio que es ya parte del imaginario colectivo que la cultura popular nos inculca desde muy pequeños y gracias al cual puede recurrir para, en lugar de (o mejor: además de) hacernos reflexionar sobre nuestra mortalidad o sobre lo que hay de podrido en lugares y tiempos más próximos a nosotros que Dinamarca, entretenernos con una parodia cinematográfica protagonizada por Arnold Schwarzenegger.

Puede que alguien ignore quién es Hamlet, y puede que alguien no sepa que el príncipe danés es el personaje central de una obra de Shakespeare, pero si alguien, a diferencia de la estrella de *Conan, el bárbaro*, falla en completar con un "no ser" lo que es —¿alguien lo duda?— la más identificable línea de toda la historia del teatro en cualquier idioma, puede elegir —entre Ethan Hawke (2000), Kenneth Branagh (1996), Mel Gibson (1990), o Laurence Olivier (1948)— el actor y la versión que prefiera de *Hamlet* y de buena parte de la producción teatral shakespeariana que, continua y repetidamente, ha sido adaptada al cine.

O por supuesto que puede también leer las obras completas del Bardo[1] y, ya encarrerado, seguirse de

1 El Bardo o el Bardo de Avón, como también se conoce a Shakespeare por haber nacido en la ciudad de Stratford-upon-Avon. No confundir con Bart Simpson, nacido en Springfield, en su personificación de El Barto.

frente y de lleno con los copiosos análisis con los que críticos literarios han escrito mamotretos a veces igual o más voluminosos que la producción completa de Shakespeare[2]. Sophie Chiari, experta en literatura inglesa y autora de uno de ellos, ha estudiado al que, en su opinión, es uno de los personajes menos apreciados en los estudios shakespeareanos: el clima. Una posible razón de este desprecio glacial, de acuerdo con Chiari, es la confusión entre el estudio del tiempo y el clima —que pertenece a la meteorología— y la manera en que uno y otro eran y son percibidos por los lectores del dramaturgo inglés, un asunto literario, propio de las humanidades[3].

Tiempo o clima, ¿esa es la cuestión? No para nosotros, que no dejaremos pasar más tiempo (ni párrafos) sin distinguir entre las condiciones que definen el estado de la atmósfera en un momento y lugar determinados (como temperatura, nubosidad, humedad y viento), a las que, en suma, denominamos tiempo, y el conjunto de características atmosféricas a largo plazo que permiten hablar de que, en un lugar y en una estación del año determinados, el clima es, por ejemplo, frío, húmedo, seco o tropical.

2 Confieso que aún no puedo terminar uno de los más recientes y, según dicen, ambicioso y prestigioso: *Shakespeare: La invención de lo humano*, de Harold Bloom. El dilema fue: o terminaba de escribir el libro que tienes en tus manos o terminaba de leer las más de 800 páginas del libro de Bloom. Ojalá opines que elegí bien.

3 Chiari, S., 2016, Climate as climax in Shakespeare's plays, Ninth Congress of the Shakespeare Society of Southern Africa, Grahamstown, Sudáfrica, 20 pp., y Chiari, S., 2019, Climatic issues in early modern England: Shakespeare's views of the sky, *WIREs Climate Change*, e578.

Tiempos de ecofobia y de naturaleza corrupta

> Lothor: Hay algo podrido
> en el estado de Dinamarca.
> Kapri: ¿Dinamarca? Y yo que creía
> que vivían en California.
> Lothor: Es Shakespeare. ¡Lee un libro!
> *Power Rangers*, Tormenta Ninja (2003)

Espectadores y lectores de este siglo, y en especial las generaciones más próximas en edad a la activista Greta Thunberg, nos hemos habituado a temer en mayor o menor medida los efectos que las actividades humanas han tenido y seguirán teniendo en el clima en una escala planetaria. Un temor a este cambio climático que, en un extremo, puede volverse irracional, condensarse en una palabra —ecofobia—, pero manifestarse, en algunos casos, en recriminaciones y chillidos a todo pulmón, con mensajes como "¡Salva al planeta, mátate a ti mismo!" (sugerencia que, por lo general, esta clase de ecofóbicos radicales deciden ignorar).

Dado que el clima es resultado de una compleja (y a veces impredecible) influencia recíproca entre el océano y la atmósfera (cuyos procesos y fenómenos son estudiados respectivamente por la oceanografía y la meteorología), de factores geográficos como la altitud y la latitud[4] y, más recientemente (dicho esto desde una perspectiva geológica, donde unos siglos no son nada en escalas de millones de años), del impacto

4 Etimológicamente, clima viene del griego *klineio*, que significa "inclinación", ¿cuál? La de los rayos solares sobre algún lugar del mundo, por lo que la palabra tiene el sentido de latitud.

que unos cuantos de miles de millones de humanos tenemos en él, nada raro tiene que, sin importar que se trate de coetáneos y contemporáneos de Shakespeare o de nosotros, para la gran mayoría de las personas, el tiempo (lluvias, tormentas eléctricas, tornados, huracanes, sequías y otros fenómenos meteorológicos a corto plazo) ha sido mayor fuente de preocupación que el cambio climático.

¿El cambio climático? Más bien *un* cambio climático, pues el actual no ha sido el único experimentado por la humanidad: entre 1350 y 1850 la temperatura en Europa y el resto del hemisferio norte fue entre 0.2 y 0.8 grados Celsius menor que el promedio varias décadas antes y después, razón por la cual a ese período se lo conoce como la Pequeña Era de Hielo[5]. El investigador Philip Armstrong, que estudia la forma en que la naturaleza es representada por los artistas en diferentes periodos culturales, considera que, a diferencia de sus padres y abuelos, la generación de Shakespeare creció con la sensación de que el antes templado, confiable y benigno clima había sido remplazado por gélidas temperaturas, ruinosas cosechas e impredecibles tormentas (¿les suena familiar?).

A la hora de repartir culpas por un clima con inviernos tan crudos como los temidos por los habitantes de Poniente en *Juego de Tronos*, los ingleses

5 Los sospechosos principales detrás de este cambio climático fueron: 1) una actividad volcánica elevada, que provocó que nubes de ceniza cubrieran buena parte del cielo en este hemisferio y que, al bloquear su paso, la cantidad de radiación que llegara a la superficie fuese menor; y 2) una baja actividad solar en esos siglos, si bien se ignora aún de qué manera ésta influyó en el descenso de la temperatura.

protestantes (por luteranos, no porque protestaran, aunque seguramente también lo hacían) de la Pequeña Edad de Hielo (que, seguramente, a ellos les pareció todo menos pequeña, pues el nombre se lo dieron los científicos en siglos posteriores) pudieron salvarse de la ecofobia al resignarse a que su presente y su futuro estaban predichos por la teología de Martín Lutero, quien no tenía empacho en responsabilizar por completo a Adán (el compañero de Eva) por tan mal clima. El ingenuo de Adán no tenía idea de que comerse un fruto prohibido sería peor que el aleteo de una mariposa en el Edén[6] puesto que, de acuerdo con el teólogo, la caída de la gracia de Dios del primer hombre no sólo afectó a todos los hombres y mujeres que le siguieron, sino también a la Creación entera. Desde entonces hay algo podrido en el universo: la humanidad y la Tierra pasaron a un estado impuro, de naturaleza corrupta.

El pensamiento renacentista en los inicios del siglo de Shakespeare (es decir, el XVI, pues el dramaturgo nació en 1564) era, por tanto, bastante pesimista con respecto a lo que para ellos significaba el concepto de "naturaleza". Nada que ver con ecologismo *New Age* estilo Madre Tierra o Pachamama protectora. Y nada que ver con el concepto actual de medioambiente, o

6 Con este aleteo mariposón hago referencia al llamado *efecto mariposa*, una metáfora según la cual uno puede alimentar simulaciones en computadora con todos los datos necesarios para, en teoría, poder predecir si, por ejemplo, el lunes primero de enero de 3030 será un día soleado en Puerto Vallarta, pero un cambio tan diminuto en las condiciones iniciales de la simulación, como es el que una mariposa agite sus alas en Pekín, hace que sea imposible predecir que ese día lo que tendremos en realidad será un huracán.

con el de la Hipótesis Gaia[7], donde nuestro planeta es mucho más que un simple marco para la vida: en oposición a estas ideas modernas, en ese entonces la naturaleza —y, como parte de ella, el clima— era entendida como un mero escenario físico, con leyes misteriosas e impredecibles, en el que los humanos entraban y salían sin ejercer sobre éste influencia alguna.

No todos estaban de acuerdo —al menos no por completo— con una interpretación tan poco esperanzadora a mediados del siglo XVI, Pequeña Era de Hielo o no. Entre quienes se cuestionaban esa visión luterana a la luz del inicio de la revolución científica y de las nuevas explicaciones basadas en la observación y la experimentación como herramientas para el estudio de la naturaleza, se hallaba William Shakespeare.

Humores y climas shakespearianos

> Leela: Ahora, tu única oportunidad es una escena clásica de muerte, una con muchos "vos" y "usía".
> Calculón: ¡Voilà! El trágico final de *Rome-O y Julie-T*.
> Leela: Es Romeo y Julieta, tonto...
> De will.i.am Shakespeare.
> *Futurama*, El ladrón de Bolsafaz (2014)

7 La Hipótesis Gaia, cuyos padres son el meteorólogo James Lovelock y la microbióloga Lynn Margulis, considera que la Tierra es un superorganismo viviente que incluye a todos los seres vivos y al planeta entero (océano, atmósfera, etc.), con la capacidad de autorregularse para alcanzar un estado con condiciones adecuadas para que exista la vida. Mucha atención con el hecho de que no es parte de esta teoría que la vida a la que se refiere tenga que ser humana, por lo que, si el cambio climático provocado por nosotros ocasionara la extinción de nuestra especie, Gaia al recuperarse podría presentar condiciones adecuadas para la vida... bacteriana, o de otras especies no humanas.

En tiempos del Bardo no eran pocos los que, además, concordaban con Hipócrates cuando este afirmó en su teoría humoral que la fisiología de una persona podía verse como una extensión del clima del lugar en que ella habitaba. De acuerdo con el padre de la medicina, nuestro cuerpo estaba constituido por cuatro sustancias —llamadas humores— de cuyo correcto equilibrio dependía nuestra salud: sangre, bilis negra, bilis amarilla y flema.

En el caso particular de la flema, la teoría hipocrática nos dice que ésta es fría y húmeda, lo que en personas con mucha flema —personas flemáticas— se traduciría en un temperamento igualmente frío y húmedo (esto es, mayormente racional, indiferente y tranquilo). Con un clima como el de Inglaterra, ¿quiénes más flemáticos que sus habitantes? Sobre sus compatriotas y haciendo eco de esta teoría humoral, Shakespeare hace que uno de sus personajes en *Enrique V* se pregunte: "¿De dónde sacan ese temple? ¿No es el clima que tienen neblinoso, áspero y gris [...]?"

Referencias climáticas como la de *Enrique V* no son una excepción en el teatro shakespeariano, que está inundado de ellas. A continuación, una pequeña muestra de su cartelera escénica.

* En El *rey Lear* el cielo no se está cayendo, pero casi. Hay menciones (más bien exclamaciones quejumbrosas) del soberano epónimo a tormentas ("Muy duro te parece que esta hostil tormenta nos cale hasta los huesos"), rayos y truenos ("¡Sulfurosas llamas ejecutoras de la mente, vanguardia de los rayos parte robles, quemad mi blanca testa! ¡Y tú, convulso trueno, el rotundo grosor del mundo aplasta, rompe los moldes

naturales, sacude ya los gérmenes que hacen al hombre ingrato!"), y lluvia y viento (¡Que rujan tus entrañas! ¡Que sople el fuego, llueva! Ni la lluvia ni el viento ni el fuego ni el trueno son hijas mías"). Y el conde de Kent, fiel servidor del rey Lear, nos comparte la fatalista visión común de la época ("Ah, mi señor, ¿estáis ahí? Las cosas que aman la noche no aman noches así. Los airados cielos aterrorizan a los habitantes de la tiniebla y a guardar cueva les fuerzan. Desde que soy hombre tales cortinas de fuego, tales horribles truenos estallando, tales gemidos de rugiente viento y lluvia jamás recuerdo haber oído. La humanidad no puede soportar ni el sufrimiento ni el terror").

* La tragedia de *Romeo y Julieta* ocurre en julio, durante los días de perros[8] del ardiente verano de Verona. Cambiamos el escenario con nubarrones de *El rey Lear* a otro con nubes de naturaleza muy distinta, en el que "Muchos lo han visto [a Romeo], en las madrugadas, aumentar el rocío con su llanto y las nubes con nubes de suspiros". Son días pasionales en los que " Cuando se pone el sol, llora el rocío", y los diálogos quemantes nos irradian (sí, ya sé que mis metáforas son indignas, no digamos de Shakespeare: de un concurso de poesía escolar) cuando Mercucio amonesta a su amigo Romeo sobre su ociosidad ("Quemando estamos ya la luz del día"), cuando Fray Lorenzo nos

8 La expresión "días de perros" tiene su origen en la creencia astrológica de que los días veraniegos de calor más intenso están asociados con Sirio. Esta estrella, que es la más brillante de la constelación Canis Maior (el Can Mayor), se eleva en el horizonte casi al mismo tiempo que el Sol en el mes de agosto, dando lugar -según esta creencia- a la canícula ("la perrita", en latín), temporada del año en que el calor es más fuerte y que se suponía era la más insana para cuerpo y mente.

recuerda que, no importa que fuera del teatro (o de donde sea que estemos leyendo la obra) se esté acabando el mundo, son días soleados en la Italia de nuestros amantes desdichados ("Antes que el sol avance su gran ojo de fuego, que secará el rocío y el día alegrará"); tan soleados que disuelven las promesas más vehementes ("antes de ver Demetrio los ojos de Hermia me juró de rodillas que era sólo mío; mas apenas sintió el calor de su presencia, disolviéronse sus juramentos como el grano al sol").

* En *Antonio y Cleopatra* el aguerrido general, cual niño que mira al cielo, compara su cuerpo con una nube que, "[a veces] es como un dragón, un vapor que parece un león o un oso, un castillo con sus torres, un peñón colgante, un monte recortado, un promontorio azul con árboles que se inclinan ante el mundo y con aire burlan nuestros ojos. Y Carmia, una de las damas de la reina egipcia, clama al cielo: "¡Disuélvete en lluvia, nube espesa, que yo pueda decir que hasta los dioses lloran!"

Pesadilla apocalíptica de una noche de verano

—¿Qué otro papel hay?
—Oberón.
—¿Oberón? ¿Quién es?
—Es algo así como un... guardabosques
—¿Un guardabosques? ¿En Shakespeare?
Porky's 2: al día siguiente (*Porky's II: The Next Day*, 1983)

Además de las continuas metáforas climáticas y humorales en el teatro de Shakespeare, Sophie Chiari señala que el dramaturgo se rebela en algunas ocasiones contra la idea de que los seres humanos sean sólo víctimas pasivas de las condiciones climatológicas adversas. Tres en especial sirven para ejemplificar esta poco común —en esa época— percepción de la relación entre el clima y nuestra especie: El *sueño de una noche de verano*, *La tempestad* y *Macbeth*. Mientras que en la primera comedia Shakespeare invierte la forma en que la mayoría de sus contemporáneos percibían esta relación, haciendo que el clima sea consecuencia y no causa de las acciones caóticas de sus personajes, en las otras dos tragedias son mujeres y hombres quienes, unos cuantos siglos antes de que esto se convirtiera en una realidad, provocan cambios en el clima y no al revés.

No bien ha comenzado El *sueño de una noche de verano* cuando Titania, la reina de las hadas, nos receta un monólogo con una larga lista de desastres: niebla ("Y por eso los vientos, llamándonos en vano con su música, han absorbido, como por venganza, las nieblas contagiosas del mar"), inundaciones ("y cayendo éstas sobre la tierra han engrandecido de tal modo los más modestos ríos que rebosaron por encima de sus márgenes"), malas cosechas ("Así es que en vano jadeaba el buey bajo su yugo y que el labrador haya prodigado su sudor. El verde maíz se ha podrido antes que el penacho coronase su espiga"), mortandad del ganado ("el redil permanece vacío en el campo inundado, y los cuervos se ceban en los rebaños muertos"), malestares físicos ("La luna, que preside a las inundaciones, pálida de cólera por todo esto, inunda los aires y hace que abunden las enfermedades reumáticas"), granizadas ("El granizo de cabeza cana cae en el fresco regazo de la encarnada rosa, y una guirnalda de perfumados botones se pone como por burla sobre la barba del viejo invierno y encima de su corona de hielo") y alteraciones estacionales ("La primavera, el verano, el fértil otoño, el sañudo invierno cambian sus acostumbradas libreas y el mundo, atónito con su aumento, no sabe ahora distinguir la una de la otra").

En esta tierra de hadas, la novedad, como ya dijimos que dice Chiari que dijo Shakespeare, es que ni Titania ni el resto de los personajes culpan al clima del pésimo estado en que se halla su reino. Por el contrario, Titania reconoce que "toda esta serie de males se engendra por nuestra disensión. Nosotros somos sus progenitores y su manantial". En el "nosotros" se encuentran la reina y Oberón (su esposo) y un pleito conyugal que involucra a un niño y sobre el que no diremos más para evitar *spoilers*.

Brujas y hechiceros tormentosos

> Hombre anónimo: No lo sé. Los recuerdos de la gente en estos días no son tan buenos. Antes, no podía esperar para tener esta vista. Yo y los chicos manejando los viernes por la noche. Reyes del castillo.
> Ben Urich: Los reyes no llevan cuerpos en la cajuela.
> Hombre anónimo: Díselo a *Macbeth*.
> *Daredevil* (*Un conejo en una tormenta de nieve*, 2015)

Tormentas generadas por actividad humana —si bien mágicamente y no debido a la actividad industrial— son centrales en *La Tempestad* (lo que es evidente desde el título) y en *Macbeth*.

La tempestad que da nombre a la que es, al parecer, la última obra escrita por Shakespeare, fue conjurada por Próspero, duque de Milán en el exilio y, quizás sobra decirlo, mago especialista en hacer una tormenta en un vaso de agua (y en lugares de mayores dimensiones).

Cambiando de tragedia y de sexo, pero no de género ni de fenómeno meteorológico, en *Macbeth* tres brujas hermanas desatan una tormenta por quítame estas pajas o, lo que es más o menos equivalente, porque "Tenía una mujer de marinero castañas en el halda, roe que roe y que te roe", castañas que se le antojaron a una de las brujas y que la envidiosa y grosera esposa del marinero no quiso compartirle ("*¡Arredro, bruja!* , me grita la piojosa culo gordo"). En venganza, las brujas le envían al marinero "nueve veces nueve noches de mareo y de trajín; y aunque el barco no se hunda, tumbo y tunda tremebunda".

Gerald Stanhill, investigador emérito en el área de climatología, conjetura que, al escribir estas tragedias el Bardo muy probablemente se inspiró en las tormentas que obligaron a la princesa Ana de Dinamarca y a su esposo, el rey Jacobo I de Inglaterra y VI de Escocia, a buscar refugio en costas noruegas por varias semanas y que, entre 1590 y 1593, dieron lugar a una serie de juicios en los que setenta personas fueron arrestadas y acusadas de brujería[9]. Este supersticioso rey fue, años después (1603), el patrocinador oficial de la compañía teatral de Shakespeare, que desde entonces se conocería como *Los Hombres del Rey*.

De acuerdo con Stanhill, la histeria colectiva que en tiempos shakespearianos desató los juicios sobre

9 Stanhill, G., 2016, Shakespeare's Tempest, witchcraft and the Little Ice Age, *Weather*, 71(4), 100-102.

brujería estuvo estrechamente asociada al mal clima característico de la ya descrita Pequeña Edad de Hielo, por lo que no debe extrañarnos que buena parte de los cargos imputados a brujas y hechiceros estuvieran relacionados con la supuesta y funesta influencia de unas y otros en las condiciones hidrometeorológicas de la época.

Antes de que en este libro abandonemos la Pequeña Edad de Hielo, ha llegado el momento de medir la temperatura de las obras del Bardo de Avón.

Medida por medida: termolingüística, entropía y complejidad

Francis Underwood se basó por completo en *Ricardo III*.
Kevin Spacey (*House of Cards*, 2013)

Desde mediados del siglo XX algunos físicos y matemáticos (entre ellos Benoît Mandelbrot, el padre de la geometría fractal[10]) propusieron tomar prestados algunos conceptos de termodinámica[11] y aplicarlos en lingüística (el estudio del lenguaje humano) como una

10 Los fractales son objetos de dimensiones fraccionarias, e incluso irracionales, como es el caso de las nubes, para seguir bajo el cielo de la meteorología y la climatología.

11 La termodinámica estudia cómo se da la transferencia y los cambios de calor y otras formas de energía en un sistema (esto es, un gas encerrado en un recipiente, un auto, el planeta entero o cualquier otra sustancia, cuerpo o máquina que se desee analizar desde esta perspectiva), pero no de forma microscópica —átomo por átomo y molécula por molécula—, sino macroscópica, describiendo estadísticamente los cambios que ocurren y midiendo, por ejemplo, la temperatura, el volumen o la presión promedio del sistema. Esto era demasiado largo (creo) para ponerlo en un paréntesis, a diferencia de la definición de lingüística que, por el momento, nos basta para continuar con este capítulo.

herramienta estadística para cuantificar, de manera automatizada y con ayuda de programas computacionales, características como la *temperatura textual*, definida como la frecuencia con que se presenta cierta palabra en un texto entre el número total de palabras de ese mismo texto.

Diferentes investigadores, al comparar la temperatura textual con diferentes frecuencias de distribución de ocurrencia de las palabras en un texto (frecuencias de distribución que, de manera ideal, matemáticamente han sido descritas en termodinámica y bautizadas con nombres como la distribución de Maxwell-Boltzmann), pueden determinar la energía de cada una de esas palabras y obtener, por ejemplo, que la palabra "por" —que, por el momento, aparece 58 veces en este capítulo; perdón, 59— tiene una mucho menor energía que la palabra "ecofobia" —que aparece en sólo 3 ocasiones—, lo que en lingüística significa que esta última contiene mucha mayor información que la primera. Tras sumar todas estas energías y obtener la energía total de un texto, el resultado es un indicador de la capacidad de escritura del autor.

Si combinamos el préstamo termodinámico con el índice de entropía de Shannon, que aquí aplicado mide el límite máximo al que se puede comprimir un texto sin ninguna pérdida de información (siguiendo con nuestro ejemplo, palabras menos frecuentes y de mayor energía como "ecofobia" aportan más información que palabras mucho más frecuentes como "por"), es posible medir la complejidad termolingüística de cada una de las obras completas de Shakespeare (estrictamente, de 35 de ellas, pues por tener menos de 5,000 palabras y dificultar con ello su comparación estadística, fueron excluidas del análisis *Ricardo III* y *Penas por amor perdidas*), tal y como lo hicieron el matemático Mei-Chu Chang y sus colegas físicos en un estudio en el que, luego de clasificarlas en obras históricas, tragedias, comedias y romances, concluyeron que el escenario está que arde cada vez que se trata de una tragedia[12]. Dentro de este género, la puesta en escena más fría corresponde a *Titus Andronicus*, y la más caliente (ya sabemos que termolingüísticamente hablando) a *Macbeth*. La que, de plano, no calienta —comparada con el resto de la producción shakespeariana— es *La comedia de las equivocaciones*.

Meteorología, climatología, termodinámica, lingüística... Luego de explorar el escenario del más grande de los dramaturgos en lengua inglesa (y en cualquier otra, dirán algunos), esperemos (espero) que este tipo de análisis, ajenos por entero a una suerte de tramoyismo científico, no dé la razón a George Orwell (lo que parece ser trabajo de Hollywood) cuando escribió: "Si en verdad existe algo como revolcarse en su tumba, Shakespeare debe estar haciendo mucho ejercicio".

12 Chang, M.C., Yang, A.C.C., Stanley, H.E. y Peng, C.K., 2017, Measuring information-based energy and temperature of literary texts, *Physica A*, 468, 783-789.

FAUSTO

GOETHE Y ENDIABLADOS DESARROLLOS Y NEURODESARROLLOS SOSTENIBLES O HIPERACTIVOS

> Brian: "Del sol y los mundos yo
> no sé nada, y lo único que veo es cómo
> la gente se amarga..."
> Stewie: ¡No, no, no! ¡Lo estás haciendo mal!
> Cuando tú lees *Fausto*, se supone que tienes
> que hacer de Mefistófeles con una voz
> que dé miedo, [cambiando la voz] como ésta.
> Brian: ¿Es así como lo lee mami?
> Stewie: No extraño a esa ogresa. Por mí
> que arda en el infierno.
> *Padre de familia*, Los dos candidatos, (2000)

"Me lo firmas con una gotita de sangre", dijo Mefistófeles, el más leguleyo de los pobres diablos del infierno, y con ello quedó sellado el pacto con el Dr. Fausto, que en la versión decimonónica del poeta alemán Johann Wolfgang von Goethe —a diferencia de la escrita por el dramaturgo inglés Christopher Marlowe en el siglo XVI— es más, mucho más que la operación demoniaca de rutina por la que un alma humana es vendida a Lucifer, el Diablo Mayor.

El Fausto de Goethe sabe más por viejo que Mefistófeles por diablo y, en lugar de un simple contrato de prestación de servicios infernales por tiempo definido y pagadero con un alma de inmortal duración, lo que sella con su sangre es una apuesta en la que "Si alguna vez yo digo al instante: ¡detente, eres tan bello!, podrás atarme al punto con cadenas y de buen grado aceptaré acabar". En lo que esto ocurre —si es que ocurre— y con el trasfondo el crecimiento económico, los cambios sociales y el impacto ambiental ocasionados por la Revolución Industrial, Fausto y su socio Mefistófeles darán una cátedra sobre lo que hoy conocemos como desarrollo sostenible.

Hans Christoph Binswanger, profesor emérito de economía, ha desmenuzado las lecciones faustianas impartidas por Goethe siglo y medio antes de que el desarrollo sostenible fuera definido formalmente durante la Asamblea General de la ONU de 1983[1].

La lectura de Binswanger es especialmente bienvenida, no porque (espero) nos ahorre la lectura de Goethe, sino porque, a diferencia del gran poeta alemán, no falta quienes hoy recitan sin mayor reflexión que "Hay un solo desarrollo sostenible y tres pilares distintos: el económico, el social y el ambiental", convirtiendo esta idea más en el remedo de un mantra o de una ley inmutable de la naturaleza (que no es).

La metáfora de los pilares es más bien una advertencia acerca de los tres ámbitos que, por el bien de todos —humanos y no humanos— nuestra especie necesita considerar a la hora de explotar (es decir, a toda hora) los recursos del planeta para satisfacer nuestras necesidades, y más de un investigador ha llamado la atención sobre los riesgos de tomársela al pie de la letra, pues entre otros pormenores (más bien "por mayores") es bastante discutible el grosor que uno de esos pilares (el ambiental) tiene en relación a los otros dos (si el económico y el social son gruesos como las patas de un típico banco, ¿el ambiental es, en comparación, del grueso de una pata de elefante? ¿Aún más grande?). Durante la mayor parte de la historia hemos tenido la ilusión de que no existe más límite

1 Binswanger, H.C. y Smith, K.R., 2000, Paracelsus and Goethe: founding fathers of environmental health, *Bulletin of the World Health Organization*, 78(9), 1162-1165, y Binswanger, H.C., 1998, The challenge of Faust, *Science*, 281(5377), 640-641.

que la endemoniada capacidad de nuestra especie para, con ayuda de máquinas movidas con fuentes de energía cada vez más diversificadas, explotar todo recurso natural de la manera más rápida y eficaz posible.

Un proyecto costero de los mil demonios

> Ante nosotros tenemos una elección
> muy fáustica: aceptar nuestro comportamiento
> destructivo y arriesgado como el precio inevitable
> de la población y el crecimiento económico,
> o hacer un balance de nosotros mismos
> y buscar una nueva ética ambiental.
> Edward O. Wilson, *Consilience*[2]*:*
> *La unidad del conocimiento* (1998)

Lo insostenible —o, si preferimos, lo fáustico— de un crecimiento económico a costa del deterioro y agotamiento de la Tierra y sin considerar que puede haber, incluso, muchas otras consecuencias negativas no previstas[3] —riesgo de extinción de nuestra especie favorita (la nuestra) en el escenario más extremo—, es, estrictamente hablando, poesía en manos de quien, según el escritor y periodista A. J. Jacobs, "hace que

2 Por razones que ignoro, la editorial que publicó esta obra del entomólogo y sociobiólogo E.O. Wilson decidió no traducir como *consiliencia* su título. La finalidad de la consiliencia es una mejor comprensión de la naturaleza recurriendo a herramientas, conceptos e ideas que provienen de diferentes disciplinas científicas y artísticas. La sociobiología, en la que Wilson usó una perspectiva biológica para comprender cuestiones sociales como el origen del altruismo, es un buen ejemplo.

3 "¡Calentamiento global! ¡Calentamiento global!" Sí, posiblemente ese es el ejemplo de libro de texto... o de divulgación, y el caso más dramático por su escala planetaria, pero los efectos perniciosos en la naturaleza no contemplados por nuestras actividades humanas están presentes en todas las otras escalas por debajo de la global.

Leonardo da Vinci parezca un holgazán[4]". Esto lo podemos apreciar desde el inicio del acto V de la segunda parte de Fausto (publicada póstumamente, en 1832, y más de dos décadas después de la primera), donde Filemón y Baucis —una pareja de ancianos— hablan con un viajero sobre los cambios benéficos que unas obras de protección costera construidas bajo la dirección de Fausto, en su faceta de emprendedor, han tenido en la región: "Lo que tan rabiosamente os maltrató, olas y más olas espumando salvajes, veis ahora convertido en un jardín, es ahora del paraíso la imagen".

La transformación artificial del ecosistema en un edén con terrenos ganados al mar ni se dio de milagro: "Agiles peones de unos sabios señores excavaron fosos, alzaron diques, reduciendo los derechos del mar para ser ellos señores en su lugar". Sobre el uso de la tercera persona del plural en lugar de la primera volveremos en unos párrafos. Añadamos que no bastaron "el pico y la pala, golpe tras golpe" de los trabajadores, "pues en donde de noche unas llamitas flotaban ya un dique al siguiente día se alzaba". Más obra del diablo Mefistófeles que un acto divino, Binswanger interpreta estas líneas como una alusión a la cada vez mayor introducción de máquinas ahí donde, como con los diques, ya no bastaba con el trabajo manual para

4 Peor todavía, según el mismo Jacobs, "Goethe es como un hombre renacentista con acceso a anfetaminas". ¿Por qué? No quiero ser flojo (pero si voy a serlo, que sea "flojo como un Da Vinci", comparado con Goethe), pero este periodista lo resume ejemplarmente en su libro *The Know-It-All: One Man's Humble Quest to Become the Smartest Person in the World*: "Cuando Goethe no estaba ocupado explicando a la gente cómo pronunciar su nombre, encontró tiempo para ser crítico, periodista, abogado, pintor, novelista, compositor, filósofo, botánico, biólogo, teórico del color, inspector de minas y distribuidor de uniformes militares".

construir con la velocidad deseada (es decir, la máxima posible).

Como hay que considerar que ningún peón trabaja gratis y que construir diques no es hacer empanadas (con perdón de los panaderos), para pagar a los trabajadores Fausto tuvo la diabólica ocurrencia de, con el apoyo del emperador, contraer deuda emitiendo papel moneda en vez de desgastarse, al menos por el momento, extrayendo "La abundancia de tesoros que permanecen intactos y enterrados en vuestras tierras", que "yacen sin utilizarse". ¿Qué caso tiene cuando, en palabras de Mefistófeles, "Un papel de esos, en lugar del oro y las perlas, es tan cómodo"? Ya habrá quien después se encargue de extraer ese oro y el resto de los tesoros enterrados que "Se ha ordenado, que una vez extraídos, se canjeen por aquel [billete]". El primero en asombrarse de "este papel fatídico que ha transformado la pena en dicha" es el propio emperador: "¿Y mi gente lo acepta como si fuera oro? ¿A la corte y el ejército les sirve de paga? Aunque me extraña, he de dejar que esto siga adelante".

Esto es lo que acontece en los terrenos económico y ambiental durante el Proyecto Diques Fáusticos. En cuanto a lo social, que el lugar ahora sea un edén no significa que lo sea para la gente que ahí habitaba antes de la construcción de los diques. Filemón pregunta a su esposa Baucis si el emperador no se habría equivocado al concederle el litoral a Fausto, en tanto que ella nos informa que "Él [Fausto] es un impío y se muere de ganas de tener nuestro soto y nuestra cabaña; por más que se las da de ser nuestro vecino, el caso es que tenemos que estarle sometidos". O sea que el progreso económico planeado por Fausto excluye el bienestar social de la comunidad.

En los pasajes y versos mencionados Goethe evoca "con precisión histórica", según Binswanger, el establecimiento de tres instrumentos que han sido cruciales para el crecimiento económico mundial hasta el presente: 1) la creación de papel moneda, a finales del siglo XVII, por el Banco de Inglaterra; 2) la invención de la máquina de vapor por James Watt a finales del siglo XVIII y con ello el inicio de la Revolución Industrial; 3) el derecho de propiedad del Código de Napoleón, con fundamento en el derecho romano, que considera como un derecho absoluto el uso, disfrute y disposición de una cosa.

El proyecto de desarrollo costero de Fausto ejemplifica también tres de los peligros de un desarrollo insostenible:

1. En el terreno ambiental, la creación de una ciénega que "Ahora se extiende hasta el pie de la montaña" y que "apesta todo lo que ya se ha conseguido", algo que ni Fausto ni Mefistófeles ni ningún otro de sus asociados previeron pues, suponemos, no hicieron ningún estudio de impacto ambiental que les permitiese evaluar, entre otros factores, de qué manera la construcción de los diques podría provocar el depósito de sedimentos y materia orgánica, el crecimiento de algas, la modificación de los patrones de circulación y el azolvamiento de los canales de drenaje. "Cuando desagüemos esa charca pestilente, habremos alcanzado el más alto logro". Ajá. Tal vez con ayuda de los holandeses, que de eso saben más que el mismísimo diablo.

2. En el aspecto social, ya dijimos que el litoral concedido a Fausto por el emperador no estaba deshabitado. Fausto & Mefistófeles S.A. arruinó lo que era considerado como su hogar por personas como Baucis y Filemón, sin importarle de qué manera se verían afectadas sus costumbres, sus actividades económicas y, en general, su estilo de vida. Por lo menos algunos *resorts* de hoy en día proporcionan trabajo a los lugareños, a diferencia del Dr. Fausto, cuya receta, en el mejor de los casos, es la promesa de "una buena tierra en otro lugar" y, en el peor, simplemente expulsarlos de este nuevo paraíso en la tierra.
3. Y en lo económico, que inundar al reino de billetes cuyo valor será garantizado con oro —que ni siquiera ha sido extraído aún— pueda provocar en un tiempo no tan largo una devaluación, y con ello el empobrecimiento de la población, es lo de menos. El tesorero imperial le recuerda al emperador que "Para que el beneficio llegara a todos por igual, timbramos la serie entera [de billetes] en seguida. Ya tenemos dispuestos los billetes de diez, treinta, cincuenta y cien. No sabéis el bien que se le ha hecho al pueblo". No importa si mañana esos billetes no sirvan ni para prender el horno: los tiempos de Fausto son tiempos para aprender a administrar la abundancia y no para defender la economía del reino como un perro infernal[5].

Para Binswanger es evidente que —recurriendo a jerga mucho menos poética que las palabras de Goethe—

5 Alerta de spoilers: a propósito de perros infernales, la primera vez que Mefistófeles se presenta con Fausto es bajo la forma de un caniche.

la contaminación ecosistémica, la ruptura del tejido social y la crisis financiera del proyecto fáustico, más temprano que tarde, llevarán a su fracaso. Mefistófeles concuerda con este diagnóstico: "Tan sólo has trabajado para nosotros [Sus Satánicas Majestades] con tus diques y malecones, pues le estás preparando a Neptuno, el demonio de las aguas, un banquete. De todas maneras, estáis perdidos. Los elementos están confabulados con nosotros y todo corre hacia su perdición".

La sostenibilidad sólo es posible, según El economista que leía tragedias de Goethe, "si nuestra sociedad entiende que menos es más", que nuestro mundo es finito y tiene recursos limitados, y que en vez de intentar —emulando a Fausto— dominar a la naturaleza, debemos entenderla y respetarla en su complejidad, de manera que, sin dañarla, pueda darse un crecimiento que beneficie a la humanidad.

Las eufóricas diabluras de Euforión

Cerebro: Para dominar el mundo he intentado todo,
salvo vender mi alma.
Pinky y Cerebro, Cerebro Pooh (1998)

Dejemos atrás el campo del desarrollo sustentable para conocer ahora a Euforión, el hijo que el pilluelo del Dr. Fausto tuvo con la auténtica Mujer Maravilla de la mitología griega, Helena de Troya. De acuerdo con un grupo de neurólogos dirigidos por Sara Bonazza, el comportamiento de este personaje creado por Goethe cumple con todos los requisitos para ser diagnosticado con trastorno por déficit de atención e hiperactividad (TDAH), un desorden del desarrollo neurológico que aparece por primera vez en la literatura médica en 1902, siete décadas después de que el poeta lo describiera en Euforión[6].

Originado en la infancia, en pacientes con TDAH la corteza prefrontal —que es un regulador de la atención, el comportamiento y las emociones— tiene una baja actividad y hay un desequilibrio en los sistemas dopaminérgico y noradrenérgico que regulan su funcionamiento[7]. Hay tres subtipos de TDAH: 1) predominantemente hiperactivo—impulsivo; 2) predominantemente inatento; y 3) el combo de 1 y 2. ¿Cuál de ellos es el que exhibe Euforión? Veamos:

Euforión se la pasa saltando "desde el regazo de la madre hacia el padre y del padre hacia la madre", con "gritos de alborozo" y "exclamaciones de júbilo" que aturden. Su madre le advierte que pude saltar cuanto quiera, pero que se cuide de imitar a Ícaro, pero el niño se toma muy en serio lo de "todavía ni le salen plumas y ya quiere volar" y es precisamente eso lo que más anhela ("dejadme brincar, dejadme saltar. Mi deseo [...] es llegar hasta los aires", "No quiero quedarme más tiempo en el suelo"), sin importar las amonestaciones de Helena y Fausto ("Piensa en tus padres, domina y frena esos afanes que atropellan").

6 Bonazza, S., Scaglione, C., Poppi, M. y Rizzo, G., 2011, Did Goethe describe Attention Deficit Hyperactivity Disorder? *European Neurology*, 65, 70-71.

7 En *castellano llano*: la cantidad de hormonas -es decir, neurotransmisores, es decir, sustancias que permiten la comunicación entre neuronas, es decir, dopamina y noradrenalina- producidas por estos sistemas y las neuronas activadas por ellas no se halla en los rangos típicos de una persona sin este desorden.

Un coro de doncellas atestigua la euforia de Euforión (el nombre no fue una casualidad), y el personaje no lo desaprovecha, pues, como poseído por el demonio, "Se entremezcla en medio del coro obligando a bailar a las muchachas". Más tarda en hacerlo que en tener la ocurrencia de "un nuevo juego" de persecución ("alejaos de aquí. Yo soy el cazador, vosotras la presa"). Como este juego no me gusta, matarili-ri-li-ron, el diablillo toma a una joven en contra de su voluntad ("Arrastro a esta pequeña rebelde para un deleite forzado. Para mi placer y mi goce oprimo ese pecho que se resiste, beso esa boca que me rechaza y muestro mi voluntad y mi fuerza").

La muchacha se inflama (y no del coraje, sino tal cual: se enciende en llamas) y sube por los aires, lo que en nada apacigua a Euforión, que sólo se sacude las llamas y salta cada vez más arriba desde lo alto de unas rocas mientras dice: "Quiero subir cada vez más alto, cada vez más lejos quiero mirar". Finalmente, "Se lanza a los aires; sus ropas le sostienen durante un instante" y cae muerto a los pies de sus padres. Y ni siquiera muerto Euforión se tranquiliza, pues desde el infierno lloriquea: "En este reino de sombras, madre, no me dejes solo". Y, como toda madre, allá va Helena por él.

Bonazza y su equipo de neurólogos consideran que el rasgo dominante del TDAH en la conducta de Euforión es la hiperactividad, con "un persistente patrón de excesiva actividad motora, constantemente acoplado con una motivación impulsiva" y, como es evidente, con casi nula atención por parte de sus padres. Antes que estos investigadores diagnosticaran así al hijo de Fausto, los historiadores de la medicina asumían que el TDAH había sido descrito por primera vez (en 1846) en un libro de cuentos para niños del psiquiatra y escritor Heinrich Hoffmann, paisano de Goethe (lo cual no implica que los niños con TDAH se dieran por racimos en la Alemania de esos tiempos). En Struwwelpeter (traducido como *Pedro Melenas* o *Pedro el Desgreñado*) es Fidgety Philip, personaje de una de las historias, quien exhibe los síntomas de inatención e hiperactividad del TDAH.

Un hijo y un desarrollo costero no es lo único ni lo peor que pierde Fausto antes de que Mefistófeles pueda reclamar su parte en lo apostado. Sin necesidad de revelar quién ganó la apuesta (lo cual, por otro lado, es tan sabido como quién es el padre de Luke en *Star Wars*), todo lo que aconteció a Fausto antes de querer detener para siempre el bello instante que cerraba el trato tendría que aleccionarnos sobre los riesgos de las transacciones satánicas. Aunque no hay nadie como Goethe para lograrlo, en el siglo XXI un episodio de la serie televisiva *Queer as* Folk contiene una versión minimalista, muy propia para nuestra época, de esta lección:

"La regla básica de la publicidad y de la condenación eterna: una vez que vendes tu alma al diablo, se apropia de los derechos de autor".

Cien años (siendo estrictos, un poco más) de intemporalidad

NOVELAS CLÁSICAS CON ESTILOS CADA VEZ MENOS CLÁSICOS

ORGULLO Y PREJUICIO

AUSTEN Y MADRES, AMANTES Y SUS QUEBRADEROS DE CABEZA

Macon Ravenwood (Jeremy Irons): Lena, ¿por qué no tocas algo para nuestra invitada?
Lena Duchannes (Alice Englert): Porque no estamos en una novela de Jane Austen.
Macon: Entonces, ¿por qué no nos haces té?
Lena: Siglo equivocado de nuevo.
Hermosas criaturas (*Beautiful Creatures*, 2013)

"Es una verdad mundialmente reconocida que un hombre soltero, poseedor de una gran fortuna, necesita una esposa". O al menos esa era la situación en la Inglaterra de comienzos del siglo XIX, en la que —razones románticas aparte— desposarse constituía todo un mercado de bienes y servicios que, junto con sus estrictas reglas sociales, Jane Austen desmenuzó en *Orgullo y prejuicio* y cinco novelas más que han sido llevadas al cine y a la televisión hasta la saciedad[1].

Si conjeturamos que hoy, como entonces, alguien podría verse en el menester de conseguir pareja con quien casarse, la oferta está repleta de encuentros casuales y oportunidades de flirteos y citas para los cuales puede, inclusive, recurrir a la ayuda de redes sociales y aplicaciones para "encender la llama entre personas con más de 26 millones de *matches* cada día".

Si suponemos que entonces alguien tenía que encontrar con quién maridarse, una cita casual estaría,

1 O no, pues seguramente veremos nuevas versiones de ellas, sin que falten, como ahora, películas y series sobre Jane Austen y, más aún, relatos reales y ficticios sobre las y los lectores de Jane Austen y, ya de lleno en Austenlandia, documentales sobre la filmación de una que otra de estas producciones. No olvidemos todos aquellos libros que parodien las novelas originales, como pasó con *Orgullo y prejuicio y zombis* y su obligada adaptación cinematográfica.

de entrada, descartada por completo. Si ese alguien era una mujer, no tendría oportunidad alguna antes de su presentación en sociedad, a los 16 años, durante un baile al que le seguirían cenas, fiestas y otras reuniones sociales diseñadas con ese fin y en las que, por supuesto, sería forzosa la presencia de un chaperón. Tratándose de un hombre, la edad de cortejo estaría alrededor de los 21 años, y aunque una gran fortuna podría no ser una condición necesaria, sí ayudaría bastante, sobre todo si ese alguien hipotético fuera el primogénito y, en consecuencia, el heredero de la familia. El resto de los hermanos, como en los cuentos de hadas, tendrían que hacer su propia fortuna, pero, a diferencia de los cuentos de hadas, el "vivieron felices para siempre" no siempre se cumpliría y, para desdicha de los cónyuges, el divorcio como opción sería, la gran mayoría de las veces, demasiado caro (económicamente, para ellos; económica y socialmente, para ellas).

Sin embargo, si creemos que las estrategias de conquista amorosa que durante la Regencia —como se conoce el periodo histórico en que transcurren las historias narradas por Austen— emplean Lizzy Bennet, el Sr. Darcy y toda la galería de personajes imaginados por la autora de *Orgullo y prejuicio* son diferentes a las usadas por las generaciones actuales, tendríamos que negar la teoría y las pruebas que apuntan en sentido opuesto: hacia un uso intuitivo de ellas por parte de todo miembro de nuestra especie.

Psicólogos evolucionistas como Sarah L. Strout señalan que las estrategias de apareamiento que tan bien registró Austen en sus obras no son un producto de la cultura, sino de la selección natural, por lo que, sin importar que hayan pasado más de 200 años desde la publicacion de estas novelas (un pestañeo en la escala en que actúa la evolución), y sin importar que no haya en ellas mención alguna de caricias ni besos entre las parejas de enamorados siguen siendo por completo relevantes y reconocibles para sus lectores del siglo XXI.

La psicología evolucionista parte de la hipótesis de que, si cierto comportamiento en individuos de nuestra especie proporciona a éstos una ventaja adaptativa —lo que se traduce en que puedan sobrevivir al menos el tiempo suficiente para reproducirse—, los genes detrás de la biología que da lugar a ese comportamiento (como la secreción de ciertas hormonas en distintos momentos y a diferentes concentraciones) serán transmitidos a sus descendientes, perpetuando así el ultramentado comportamiento.

En el ámbito de la literatura, desde finales del siglo pasado etólogos[2], psicólogos, antropólogos y otros expertos, desde las ciencias biológicas, junto con críticos literarios de las filas de las humanidades, decidieron examinar cómo aquellos humanos que tienen sólo una existencia de ficción, dentro de los libros, se comportan de una forma que puede ser explicada desde la perspectiva darwinista de la psicología evolucionista,

2 Que estudian el comportamiento animal, *Homo sapiens* incluido, por supuesto. Entre las obras de divulgación más famosas que comenzaron a aplicar las herramientas de la etología y la zoología al caso de nuestra especie está el clásico de Desmond Morris: El *mono desnudo*. No siempre acertó en sus conjeturas, pero esto es usual en ciencia a medida que se proponen teorías y se reúnen evidencias que las confirman o refutan.

gestando así el campo interdisciplinario bautizado como darwinismo literario[3].

Estrategias de apareamiento y persuasión sexual

Yo, Tarzán. Tú, Jane Austen.
Pretty Little Liars (*Lindas mentirosas*, Sal en la herida, 2011)

A la luz del darwinismo literario, tenemos que todas las novelas de Jane Austen presentan en común el problema adaptativo de hallar y mantener una pareja para reproducirse. Los psicólogos evolutivos han determinado que existen dos tipos de estrategias de apareamiento en humanos: 1) a corto plazo (en una escala de días, semanas o hasta algunos meses), que requiere poca inversión de tiempo, energía y recursos; y 2) a largo plazo (en una escala de años), que compromete una gran cantidad de las tres cosas citadas. Cada estrategia implica una serie de costos y beneficios que son diferentes para hombres y mujeres.

Para las mujeres, entre los beneficios de una estrategia a largo plazo está el asegurarse, de parte de la pareja, de un aprovisionamiento continuo (si bien es cierto que no siempre óptimo, mas tomemos en cuenta que la estrategia tampoco es perfecta) de recursos, protección y cooperación en la crianza de los hijos. Esta inversión incrementa la probabilidad de que los hijos

3 Darwinismo literario que ha dado lugar a libros bastante recomendables, como *Madame Bovary's Ovaries*, que decidieron publicar en español bajo el título, mucho menos descriptivo para mi gusto (y ya sé que nadie preguntó mi opinión), de *Zorros, ciencia, erizos y literatura*.

sobrevivan hasta una edad reproductiva[4] y una de sus desventajas es que encontrar a un hombre que quiera comprometerse a largo plazo puede no ser inmediato.

En una estrategia a corto plazo, en cambio, la mujer puede disponer de recursos de parte de su pareja de inmediato a cambio de sexo y poner a prueba a quienes podrían convertirse en una relación a largo plazo. Además de ello, al aparearse con una pareja con una alta calidad genética (alguien que posea características hereditarias deseables, como un buen sistema inmunológico) en una relación a corto plazo, una mujer puede asegurarse de que sus futuros hijos tengan también una alta calidad genética. Entre los costos de esta estrategia existe la posibilidad de que la alta calidad genética del hombre no incluya una alta motivación para criar a sus hijos y la mujer tenga que hacerlo sola y por su cuenta, siendo además no pocas veces estigmatizada socialmente por ello.

Para los hombres una estrategia a largo plazo tiene, entre sus beneficios, el no tener que preocuparse por qué mujeres son fértiles (una vez que está comprometido con la madre de sus hijos, claro está), pero los costos no son pocos, pues tendrán que invertir bastantes recursos en criar a sus descendientes y disminuirán su habilidad o cancelarán su posibilidad de aparearse con otras mujeres. Por otro lado, el paquete de beneficios

4 En qué medida ocurre esto en la actualidad en nuestra especie es difícil de cuantificar, pero se ha observado que el efecto es notable en varias otras especies, así como en sociedades humanas tradicionales, como el pueblo aché, que habita en Paraguay. Los aché son cazadores recolectores, y los antropólogos han determinado que la tasa de mortalidad en niños en los que el padre está ausente es de casi el 50%, comparado con un 20% en niños con padre presente (Hill, K. y Hurtado, A.M., 1996, *Ache life history: The ecology and demography of a foraging people*, Nueva York, N.Y., Aldine de Gruyter).

de una estrategia a corto plazo viene con la posibilidad de tener sexo con varias mujeres, a pesar de no estar libre de costos, como ser muerto —o cuando menos golpeado— por otro rival. Dado que los costos asociados con este último tipo de estrategia son mayores y los beneficios menores para las mujeres que para los hombres, es más probable que sea la preferida por éstos.

Beneficios y costos de las estrategias de apareamiento masculinas no son exactamente el reflejo inverso de las femeninas, pues su complejidad es posiblemente mayor en el caso de las mujeres. Esto se debe a que la inversión de recursos por parte de ellas en la crianza de sus hijos es mayor[5]. En vista de ello, las mujeres pueden poner en acción un "combo" de estrategias a largo y corto plazo y optar por un balance entre el "hombre ideal" para reproducirse y el "hombre ideal" para criar a sus hijos.

Una estrategia mixta permitiría a las mujeres, por ejemplo, casarse o formar relaciones de pareja estables (de varios años de duración) con el "proveedor de cuidados", y sostener cada cierto tiempo encuentros sexuales breves (de menos de un año de duración) con el "proveedor de esperma" (o, si se prefiere, "proveedor de genes o de características hereditarias deseables", eufemismos que no dejan de ser verdad). En un escenario así, Zutanita podría tener bebés hermosos con Fulanito y Menganito —los galanes del barrio—, y garantizar que a estos hijos no les faltará nada mien-

5 Considerablemente mayor, buena parte de las veces, y en la mayoría de las sociedades humanas, tradicionales o modernas, por lo que no debe extrañarnos la reflexión del escritor Héctor Aguilar Camín en su novela *Las mujeres de Adriano*: "Si se levantara aquí un Monumento al Padre Desconocido, su efigie sería la de una mujer".

tras crezcan gracias al trabajo y los cuidados de Perengano, la pareja con quien vive. Zutanita sería, desde una óptica darwinista, todo un éxito adaptativo[6].

Con tantos y tan distintos costos y beneficios involucrados para unos y otras, es evidente que alcanzar el éxito reproductivo depende de la correcta identificacion de la estrategia de apareamiento que la pareja en potencia está usando. Aun tratándose de personajes de ficción, psicólogos evolucionistas y críticos literarios —ambos en su faceta de darwinistas literarios— han determinado que los lectores modernos —tanto hombres como mujeres— pueden identificar sin mayor dificultad las características de estas estrategias en la literatura romántica de finales del siglo XVIII y principios del siglo XIX. En una serie de estos estudios, bajo la dirección de los psicólogos Maryanne L. Fisher y Dnaiel J. Kruger, los participantes distinguieron, de entre los personajes masculinos, héroes "papis correctos" (como Waverly, protagonista de la novela epónima de Walter Scott), cuyo comportamiento indicaba una estrategia de largo plazo, bajo riesgo y alta inversión parental, y héroes "sinvergüenzas oscuros" (como George Staunton, personaje de El *corazón de Midlothian*, también de Walter Scott), cuya conducta señalaba una estrategia de corto plazo, alto riesgo y alta inversión reproductiva[7].

6 Nada en esta situación hipotética conlleva necesariamente un comportamiento amoral, y ni siquiera poco ético, por parte de las personas implicadas.

7 Kruger, D.J., y Fisher, M.L., 2005, Males identify and respond adaptively to the mating strategies of other men, *Sexualities, Evolution and Gender*, 7, 233-244; Kruger, D.J. y Fisher, M.L., 2005, Alternative male mating strategies are intuitive to women, *Current Research in Social Psychology*, 11, 39-50.

Aquí no acabó la historia (ni los estudios): lectoras y lectores prefirieron, además, a aquellos personajes con quienes, de poder interactuar con ellos en la vida real, tendrían garantizado un mayor éxito reproductivo. Cuando se les pedía que imaginaran con quién tendrían una relacion de largo plazo, las mujeres elegían papis correctos, pero entre más corta era la duración de esta relación más fantasiosa que fantástica, más se inclinaban por los sinvergüenzas oscuros. Los hombres, por su parte, veían al papi correcto como más digno de su confianza; al imaginar a quién escogerían como socio de negocios, yerno o compañero de sus amigas en un viaje de fin de semana fuera de la ciudad, era éste y no el sinvergüenza oscuro el favorecido por ellos[8].

Motivados por estos resultados, Fisher y Kruger diseñaron un experimento para determinar si los lectores —mujeres y hombres— de Jane Austen podían predecir, a partir de la descripción de esta autora del comportamiento de los personajes femeninos de sus novelas, qué tipo de estrategia de apareamiento seguían éstas[9].

8 Kruger, D.J. Fisher, M.L., y Jobling, I., 2003, Proper and dark heroes as dads and cads: Alternative mating strategies in British Romantic literature, *Human Nature*, 14, 305-317.
9 Strout, S., Fisher, M.L., Kruger, D.J. y Steeleworthy, L.A., 2010, Pride and Prejudice or children and cheating? Jane Austen's representations of female mating strategies, *Journal of Social, Evolutionary and Cultural Psychology*, 4(4), 317-331.

Madres y amantes en Austenlandia

Kate Miller (Romola Garai): "Mientras otras chicas bailaban con Elvis y soñaban con sus parejas en el baile de graduación, yo leía a Jane Austen y soñaba con la universidad..."
Dirty Dancing: Havana Nights (*Baile caliente: Noches de la Habana*, 2004)

Los investigadores clasificaron a las mujeres de ficción de "Austenlandia" en "madres" y "amantes", dependiendo de si su estrategia era a largo o a corto plazo[10], y supusieron que los lectores no tendrían dificultad en distinguir a unas de otras con base exclusivamente en la forma en que son descritas por Jane Austen dado que, en hombres y mujeres, contar con esta habilidad adaptativa les evita malgastar recursos en una pareja potencial con una estrategia distinta, así como saber la estrategia que están usando sus posibles rivales.

Como Austen esparce a lo largo de los capítulos de sus obras los rasgos descriptivos de cada personaje a través de frases breves, Fisher y Kruger acumularon éstas y las modificaron mínimamente para construir en un solo párrafo un retrato detallado y fluido. La dicotomía más contrastante correspondió a Jane Benett y Lydia Benett en *Orgullo y prejuicio*. La información sobre estas hermanas con la que contaron los participantes —universitarios de 19 y 20 años de edad— en el experimento de los psicólogos evolucionistas fue la siguiente:

10 Estudios previos habían usado las etiquetas "virgen" y "prostituta", que eran entonces y ahora bastante inadecuadas, tanto por sus connotaciones negativas como porque no describen, evolutivamente hablando, la finalidad de quienes usan una u otra estrategia.

Jane Bennet: "Ella era una hermana muy querida y una atenta oyente. Sus sentimientos, aunque fervientes, habían sido poco exteriorizados, y había una constante complacencia en su aire angelical y en sus maneras. Su aspecto y maneras eran abiertas, alegres y atractivas; de una belleza intacta con buen sentido y disposición. Nunca veía un defecto en nadie, todo el mundo era bueno y agradable a sus ojos. Su delicado sentido del honor se equiparaba con el corazón más generoso y propenso al perdón del mundo."

Lydia Bennet: "Ella era siempre indiscreta y a menudo mal educada. Tenía buena figura y un carácter muy alegre. Era muy impulsiva, caprichosa y desenfadada, y se daba mucha importancia. De temperamento indomable, era escandalosa, frívola, irritable, ignorante, perezosa e insípida. Mientras hubiera un oficial en el pueblo, coquetearía con él. Rara vez escuchaba a nadie más de medio minuto y nunca tuvo la menor intención de casarse".

Tras la lectura de estos párrafos, los resultados fueron los esperados en teoría, pues los universitarios prefirieron a Jane (la "madre") como pareja con quien salir y casarse, y consideraron que sería ella a quien sus padres elegirían como nuera, mientras que Lydia (la "amante") fue la favorita como pareja para tener relaciones sexuales y señalada como la que tendría mayor probabilidad de serles infiel.

Las universitarias también respondieron de acuerdo con lo esperado, ya que consideraron como más probable que fuese Lydia, y no Jane, quien las engañara con su pareja y tuviese más parejas sexuales. También señalaron que Jane sería una mejor madre y la mujer que escogerían para casarse con sus hijos imaginarios. Según Fisher y Kruger, esto significa que la distinción entre "madre" y "amante", y estrategias de apareamiento a largo y corto plazo, es intuitiva en nuestra especie (o por lo menos en universitarios), en especial si tomamos en cuenta que las descripciones con que contaron los participantes en su estudio están escritas en un estilo muy diferente al actual y no dicen nada sobre la habilidad o el deseo de personajes como Jane y Lydia de ser buenas madres.

Un segundo estudio de un equipo nuevamente dirigido por Fisher y Kruger, mostró que los hombres tenían una especial aversión por Lydia, a quien sólo considerían para un encuentro sexual de una sola noche[11]. Es posible que tan negativa percepción se debiera al empleo de adjetivos (todos ellos, recordemos, usados por Jane Austen en *Orgullo y prejuicio*) como caprichosa, escandalosa, frívola, irritable, ignorante, perezosa e insípida, todos ellos rasgos que, según los investigadores, podrían haber sido interpretados por los hombres como los de una persona inmadura y, por consiguiente, alguien a evitar, dado que una relación con ella podría afectarlos negativamente en su reputación social. En apoyo a esta explicación detrás de las razones inconscientes de los *haters* de Lydia, la descripción de Mary Crawford, otro personaje austeniano —ahora de la novela *Mansfield Park*—, catalogado también como "amante", no

11 Kruger, D.J., Fisher, M.L., Strout, S.L., Wehbe, M., Lewis, S. y Clark, S., 2013, Variations in women's mating strategies depicted in the works and words of Jane Austen, *Journal of Social, Evolutionary and Cultural Psychology*, 7(3), 197-210.

despierta ninguna animadversión, toda vez que está libre de los rasgos que poco favorecieron a la más coqueta y superficial de las hermanas Benett.

Mary "era el orgullo y el encanto de todos, no tenía un solo defecto, era un ángel. Era la muchacha más hermosa de la comarca, con un espíritu altivo y un temperamento apasionado, no carecía ni de orgullo ni de resolución. Se estaba preparando para contraer matrimonio con un hombre que no podía gustarle; con la amargura de un desengaño amoroso, despreciaba al hombre con quien iba a casarse y amaba a otro".

Al igual que en los casos de Homero —al hablar sobre el cielo y un eclipse histórico sin ser astrónomo—, o Virgilio —al registrar en detalle diferentes estilos eruptivos sin ser vulcanólogo—, sin haber tomado curso alguno de psicología evolucionista y de manera completamente intuitiva, Jane Austen consiguió representar fielmente lo medular de las estrategias a las que tenemos que recurrir si queremos dejar descendientes. Tan fielmente que, más de dos siglos después, ni los cambios en las costumbres culturales y sociales ni su estilo literario tan diferente al de las novelas modernas son obstáculo para saber casi de inmediato a qué atenernos a la hora de imaginar cómo cortejar o ser seducidos por cada una de las hermanas Benett.

¿*Sensatez y sentimiento*, o Sentido (neurológico) y sensibilidad (craneal)?

Leonard: ¿Por qué estás leyendo
Orgullo y prejuicio?
Sheldon: Te diré por qué. Amy me arruinó
Los cazadores del arca perdida, así que ahora
estoy tratando de encontrar algo querido
para ella para arruinarlo.
Howard: ¿Porque no era suficiente
arruinar su vida?
La teoría del Big Bang, La minimización del arca perdida, (2013)

Tanta tensión asociada a esta cacería de pareja tendría que ser un dolor de cabeza —en sentido tanto figurado como literal— para todos los involucrados. Andrew Larner, neurólogo y lector apasionado de Jane Austen supuso, correctamente, que en los tiempos de ella como en los nuestros no faltarían ocasiones para hacer de la cefalea un achaque bastante común.

Para comprobar su hipótesis, Larner tomó su colección completa de novelas de Austen (tampoco le costó tanto, dado que son seis, más una séptima, *Sanditon*, que dejó inconclusa meses antes de morir) e identificó todas las referencias a dolores de cabeza sufridos por los personajes austenianos. Con excepción de *La abadía de Northanger*, el resto de sus obras están plagadas de dolores de cabeza. Hay en ellas nueve personajes femeninos, y ni uno masculino, que sufren de este malestar; en seis de los casos Austen menciona su edad, por lo que sabemos que la mayoría de las quejosas (si no es que todas) de novela son jóvenes y están en un rango de 17 a 27 años. Dos de las sufrientes son la Sra. Bennet (madre de 5 hijas) e Isabella

Knightley (hermana mayor de Emma Woodhouse, y madre de cinco hijos, en *Emma*), y las otras siete no están casadas ni tienen hijos.

Varias de las cefaleas en estas novelas están asociadas a eventos emocionalmente estresantes que pueden haberlas detonado, lo que es particularmente evidente, por ejemplo, en los casos de Marianne Dashwood (en *Sensatez y sentimiento*) y Jane Fairfax (en *Emma*), pues en ambas sus dolores acompañaron a la partida y el rompimiento de la relación con sus amados Willoughby y Frank Churchill.

No faltan también las ocasiones en que factores más ambientales que románticos pudieron generar verdaderas migrañas, como la exposición de Jane Bennet a la lluvia y de Fanny Price (en *Mansfield Park*) al sol, aunque Larner no descarta que estas jaquecas pudieran deberse también a que Jane y Fanny no estaban acostumbradas a la intensidad del ejercicio físico asociado a montar a caballo bajo la lluvia, en la primera, y a reunir rosas y hacer diligencias a pleno sol, en la segunda ("Mucho me temo que fue allí donde cogió el dolor de cabeza, pues hacía un calor como para matar a cualquiera"). O pudo ser, en una y otra, por el efecto combinado de ambas circunstancias.

En un extremo tenemos también dolores de cabeza acompañados por anorexia y desmayos (Marianne Dashwood), agitación y lágrimas (Elizabeth Bennet) y fotofobia o intolerancia a la luz (Fanny Price), y en otro, el conocido recurso de "me duele la cabeza" para evitar interacciones sociales (no sexuales: recordemos que se trata de Jane Austen) no deseadas (Marianne Dashwood y, en *Persuasión*, Anne Elliot).

Ante la inexistencia de ibuprofeno, paracetamol, aspirina o cualquier otro medicamento para reducir la intensidad de las cefaleas, tenemos en *Sanditon* un remedio casero recetado a Susan Parker, consistente en seis sanguijuelas por día durante diez días (suponemos que aplicadas directamente a la cabeza, no ingeridas). Sobre la eficacia de este procedimiento, lamentablemente para Susan tenemos que las sanguijuelas "la alivian tan poco que hemos creído conveniente cambiar de tratamiento, y hemos llegado a la conclusión, después de meditarlo, de que gran parte del mal le viene de las encías". Una vez ubicado esto, "le han extraído tres muelas y ha mejorado sensiblemente, aunque tiene los nervios bastante alterados" (podemos imaginarnos por qué).

Lerner postula que es posible que tan alta recurrencia de quebrantos de cabeza en la obra de Austen pueda deberse en parte a que ella supiera en verdad de qué hablaba por haberlos sufrido en cabeza propia. Hay un poema de ella, del 27 de octubre de 1811, titulado muy apropiadamente "Sobre el dolor de cabeza", que es posiblemente autobiográfico y en el que señala la necesidad de estar acostada, con un dolor fuerte y palpitante, que sugiere que se trata de una migraña. Además, sabemos que Austen sufría de dolores faciales en 1813, diagnosticados por biógrafos modernos como neuralgia del nervio trigémino, y que su madre, dos de sus sobrinas y algunas conocidas sufrían de cefaleas y, al igual que Susan Parker en *Sanditon*, eran tratadas a veces con sanguijuelas.

Y también es muy probable que los quebraderos de cabeza de los personajes de Austen, más allá de su sentido neurológico y de sus posibles desencadenantes fisiológicos, fuesen también una forma de comunicación no verbal y una forma de protesta femenina culturalmente aceptada en una época caracterizada por una alta rigidez en los códigos y maneras de esa sociedad.

Jane Hayes (Keri Russell), protagonista de la película *Austenland* (2013) se y nos pregunta: "¿Qué separa a la aficionada ocasional de Jane Austen de la fanática? ¿Es su admiración por el estilo y los modales de la Regencia? ¿El número de veces que ha leído las novelas de Austen? ¿O su arrebatador amor por Mr. Darcy?" Es posible que, además de todo esto, su reconocimiento inmediato sobre todas las formas, sutiles y no tanto, en que sus personajes nos hablan, sin tener que decir nada, sobre sus motivaciones más profundas.

LOS MISERABLES

VÍCTOR HUGO Y LAS MISERIAS DE ALCANTARILLEROS Y CAMPANEROS PARISINOS

> Jay Pritchett (Ed O'Neill): ¿Dé que trata
> la historia exactamente?
> Manny Delgado (Rico Rodriguez): Bueno, Jean Valjean
> estuvo diecinueve años en prisión
> por robar una hogaza de pan.
> Jay: ¿Diecinueve años por una hogaza de pan?
> ¿Tan bueno era ese pan?
> *Modern Family*, Puerta a puerta (2011)

"París siempre enseña los dientes; cuando no ruge, ríe". Y, cuando Víctor Hugo desviaba su atención y atraía la nuestra hacia frases y pasajes mucho menos memorables que éste, entre los temas a los que dedicó páginas y capítulos enteros en *Los miserables*[1] está el tenebroso y pestífero alcantarillado de la Ciudad de la Luz.

"No hay guano comparable en fertilidad al detritus de una capital. Una gran ciudad es el mejor de los estercoleros. Emplear la ciudad en abonar la llanura sería asegurarse un éxito infalible. Si nuestro oro es estiércol, en cambio, nuestro estiércol es oro", filosofaba Víctor Hugo, para rematar quejándose de que ese "oro-estiércol [...] Se lo arroja al abismo" y, en vez de aprovecharlo, "Se envían convoyes de buques [...] para recoger en el polo austral el excremento de los petreles y pingüinos"[2].

Los tiempos en que el autor de *Los miserables* reflexionaba sobre el problema que las ciudades en ge-

1 Seis, para quienes concuerdan con que "los guarismos no dejan de ser curiosos", como afirma en otra parte el novelista francés.

2 Más específicamente, de las islas peruanas, a las que desde hace siglos arriban las mayores concentraciones de especies plumíferas de la Tierra. Que usemos la palabra guano (abono, en quechua, lengua de pueblos indígenas del Perú) como sinónimo de "estiércol aviar usado como fertilizante" abona a la trascendencia que estos pájaros peruanos han tenido en este terreno.

neral y París en particular han enfrentado para deshacerse de sus heces y demás desechos orgánicos, a la vez que en el campo los granjeros necesitan fertilizar sus sembradíos, coinciden con aquellos en las que circulaba la más influyente de las obras del químico alemán Justus Liebig: *Química orgánica y sus aplicaciones en agricultura y fisiología*, publicada en alemán y en inglés en 1840, y reeditada varias veces durante los 25 años siguientes[3].

En su obra, Liebig postulaba (correctamente):

1. Que ciertos minerales, como el fósforo y el potasio, eran fundamentales para la fertilidad del suelo. Sobre la fertilización mediante excremento humano —abundante en fósforo—, que ha sido una práctica común para la humanidad desde hace más de cinco mil años, Víctor Hugo menciona que “La ciencia, después de haber andado a tientas durante mucho tiempo, sabe hoy que el más fecundo y eficaz de los abonos es el abono humano. Los chinos, digámoslo para nuestra vergüenza, lo sabían antes que nosotros. Ningún labrador chino (lo ha dicho Eckeber) vuelve de la ciudad sin traer en los extremos de su bambú dos cubos llenos de lo que nosotros llamamos inmundicias. Gracias al abono humano, la tierra en China está aún tan joven como en los tiempos de Abraham”.

3 La información que, sobre Liebig y la relación histórica entre estiércol humano y agricultura, expongo en este capítulo, puede consultarse en: Marald, E., 2006, Our finest gold: Agrarian perspectives on urban technology from the mid-19th century to present-day ecocyclical society, *Progress in Industrial Ecology*, 3(4), 393-407.

2. Que a medida que las ciudades crecían, había un empobrecimiento de los suelos a medida que grandes concentraciones de estos minerales eran removidas del suelo y como parte de los productos consumidos en las urbes. Dicho de otra forma y como sólo Victor Hugo puede hacerlo, "Todo el abono humano y animal que el mundo pierde, devuelto a la tierra en lugar de ser arrojado al mar, bastaría para alimentar al mundo", "Estos montones de inmundicias de las esquinas y bordillos, esos carros de basura que se zangolotean por la noche en las calles, esos horribles toneles del muladar, estos fétidos arroyos de fango que el empedrado oculta, ¿sabéis lo que son? Son la pradera en flor, la hierba verde, el serpol, el tomillo, la salvia".
3. Que la acumulación de desechos orgánicos en sistemas de alcantarillado defectuosos o insuficientes causaban "miasmas" que propagaban las enfermedades. "La peste nacía en ellos [en sentinas y albañales], y los déspotas iban allí a morir. Las multitudes miraban casi con temor religioso esos lechos de podredumbre, cunas monstruosas de la muerte", nos narra Víctor Hugo (más sobre los letales peligros de los miasmas de las cloacas, dentro de unos párrafos).

Liebig sostenía que la importación de guano era cara y constituía sólo un remedio temporal ante la remoción de nutrientes de los campos agrícolas, y coincidía con Víctor Hugo en que los desechos urbanos eran una fuente inagotable de guano (siempre y cuando haya humanos que lo produzcan, claro está; pero, a la fecha, no hay escasez de ellos).

Ignoramos si Víctor Hugo leyó al ilustre químico, pero en Los *miserables* el no menos ilustre escritor hace eco de la idea de cerrar con total eficiencia el ecociclo estiércol-urbano/cultivos-rurales (provocando en el camino grandes ganancias económicas) que el primero y otros investigadores contemporáneos a ellos propagaron desde mediados del siglo XIX —y que, desde entonces y periódicamente, ha reemergido en ciclos con picos próximos a la utopía tecnológica y valles algo más realistas— en las áreas del saneamiento ambiental y de la ciencia agrícola, al grado que podríamos no acertar al tratar de adivinar quién dijo lo siguiente[4]:

A. "... si una posibilidad es ofrecida al granjero de obtener de vuelta, como aguas residuales, esa materia que fue llevada a la ciudad en la forma de maíz, carne y verduras, y si él le da a su siembra lo mismo, tanto en cantidad como en calidad, que se tomó de ella, entonces su fertilidad puede estar asegurada por un número inagotable de años..."
B. "Un doble aparato tubular, provisto de válvulas y exclusas aspirantes e impelentes, un sistema de drenaje elemental, sencillo como el pulmón del hombre [...] bastaría para traer a nuestras ciudades el agua pura de los campos, y para enviar a nuestros campos el agua rica de las ciudades.

4 Si no estamos de humor para jugar, el inciso A corresponde a Liebig, y el B, a Víctor Hugo.

Este sueño húmedo de todo ambientalista de transmutar, citando a Víctor Hugo, estiércol en oro, se ha topado hasta nuestros días con una dura realidad en la que, por un lado, los fertilizantes artificiales son mucho más baratos y fáciles de adquirir[5], y por otro y debido a que los sistemas a gran escala de drenaje urbano típicos de nuestras ciudades reúnen en un mismo fango varios tipos de desechos, a que la parte con fósforo y otros nutrientes proveniente de nuestro estiércol está bastante diluida y contiene varias sustancias (minerales pesados, entre ellas) de gran toxicidad, lo que impide el uso de este fango como abono en la agricultura.

Un horror insuperable: el gas de alcantarilla y la Gran Mortandad

En su visita literaria a las alcantarillas de París, Víctor Hugo resalta el riesgo profesional que, a principios del siglo XIX, acarreó a los trabajadores que ampliaron, desinfectaron y sanearon este “muladar subterráneo” en el que, coexistiendo con las ratas, se podían encontrar rarezas como “el esqueleto de un orangután desaparecido del Jardin des Plantes en 1800”. Tal vez inspirado por una serie de accidentes que, en 1777 y debido a la emanación de sulfuro de hidrógeno (H_2S) proveniente de “el intestino del Leviatán” —nombre con el que el escritor se refiere al alcantarillado parisino—, ocasionaron la muerte de varias personas, Víctor Hugo sentencia que “¡No cabe

5 Y que no nos asuste el adjetivo “artificial”, pues aquí nos referimos con ello al método de obtención de, por ejemplo, el fósforo; pero fósforo es fósforo, con independencia de su procedencia.

horror que supere al de morir así!", "la muerte en el fango bajo una tapa, la sofocación lenta por la inmundicia, una caja de piedra en donde la asfixia abre su garra en el fango y os coge por la garganta; la fetidez unida al estertor", y todo por culpa del hidrógeno sulfurado[6].

La mentada fetidez, el olor característico a huevo podrido del H_2S, ya había permitido que desde el siglo XVI se identificara a este gas como uno de los compuestos que se liberan durante la descomposición de la materia orgánica. Y un siglo antes de que el sulfuro de hidrógeno se colara entre las páginas de *Los miserables*, su elevada toxicidad había sido descrita por Bernardino Ramzzini. Este médico italiano atribuyó a la irritación causada por este gas que los alcantarilleros —responsables de la limpieza de las cloacas— sufrieran de inflamaciones en sus ojos.

Un siglo también, pero en sentido opuesto, separa a Víctor Hugo de los estudios que apuntan al sulfuro de hidrógeno como el principal culpable de múltiples extinciones masivas de especies, la más grande de ellas ocurrida al final del período Pérmico (hace unos 250 millones de años) en la que desaparecieron alrededor de 95% de las especies marinas y 70% de las terrestres. No por nada la llaman la Gran Mortandad.

6 Nombre con el que el novelista se refiere al H_2S, que también es conocido, y muy apropiadamente por todo lo aquí expuesto, como "gas de alcantarilla" y, para los puristas de la nomencaltura química, como sulfuro de dihidrógeno.

Al parecer[7], durante esa Gran Mortandad una serie de erupciones volcánicas masivas[8] ocasionó una serie de cambios ambientales que resultaron en una disminución a niveles mínimos del oxígeno generado por el fitoplancton de los océanos. Con tan poco oxígeno, la enorme mayoría de los organismos prehistóricos que lo usaban para respirar (las especies aerobias) tuvieron contados sus días y, en las páginas de *Los miserables del Pérmico*, un Víctor Hugo prehistórico habría escrito que "¡No cabe horror que supere el morir [asfixiado] así!".

Lo que para unos era un problema, para otros (los organismos anaerobios, que no requieren oxígeno para respirar) era una oportunidad, y las bacterias del azufre (del género *Chlorobium*) —que obtienen su energía, como indica su nombre, a partir del azufre, generando en el proceso sulfuro de hidrógeno—, aprovecharon para seguir la máxima bíblica "comer y reproducirse" a discreción. Como consecuencia de ello, la liberación de altas concentraciones de un gas tan letal como es el H_2S prácticamente fumigó a cuanto ser viviente alcanzó en su dispersión.

Con este escenario —en el extremo de lo sombrío— en mente, y considerando que el hidrógeno sulfurado exhibe el pésimo comportamiento de acumularse en espacios confinados o cerrados, como las fosas sépticas y las alcantarillas, podemos entender que Víctor Hugo

7 Tengamos presente que, en este libro, "al parecer" es una forma abreviada de decir que "las evidencias apoyan la hipótesis..."

8 Erupciones que, por lo que vimos en el capítulo correspondiente a *La Eneida*, tal vez habrían inspirado a Virgilio para escribir *La Eneida II: El mundo es un Averno*. Y prometo que es la última nota a pie de página... en este párrafo.

no exagera cuando describe un diálogo en el que el ministro del Interior presume a Napoleón que "ayer vi al hombre más intrépido de vuestro imperio" —un tal Bruneseau—, que se ha ganado el título no por lo que hizo sino por lo que quiere hacer: visitar las alcantarillas de París.

Y quizás también[9] podamos coincidir con el novelista Garth Risk Hallberg cuando afirma que: "Es cierto, *Los miserables* puede ser melodramática. Y ver el musical en lugar de leer la novela te ahorrará algo de tiempo y te evitará la parte larga donde Hugo sigue y sigue sobre el sistema de alcantarillado parisino. Pero odiaría que la novela perdiera eso".

Diagnósticos cuasicerteros de la enfermedad de Quasimodo

> Sid Loomis (Harvey Fierstein): ... Por supuesto, estamos conversando con Ira Gershwin acerca de una moderna versión musical de *El jorobado de Notre Dame: Quasimodo Jones.*
>
> *Bullets over Broadway* (*Balas sobre Broadway*, 1994)

Si ver el musical de Broadway es una opción con *Los miserables*, ésta no lo es todavía con *Nuestra señora de París*, la segunda obra más popular de Víctor Hugo. A menos que contemos como musical y demos por suficiente la versión de Disney en la que Quasi-

9 Ojalá, porque si no escribí este capítulo en balde. Una descripción mucho más detallada del H_2S y sus efectos, en la que me basé para hablar aquí de este gas, es la de: Wang, R., 2012, Physiological implications of hydrogen sulfide: A whiff exploration that blossomed, *Physiological Review*, 92, 791-896.

modo se roba la película y el título, como suele hacerlo cada que se habla del jorobado de Notre Dame. La historia y el personaje pasean más a sus anchas, sin necesidad de hablar ni bailar con gárgolas, en filmes de terror como el clásico del cine mudo en el que Lon Chaney canaliza, como era su costumbre, al monstruo[10].

Que Quasimodo era un monstruo no lo digo yo, sino Víctor Hugo, y, antes de llamar al Conapred (Consejo Nacional para Prevenir la Discriminación), tengamos en cuenta que, juicios estéticos o morales aparte, este sustantivo designa también a todo aquello que presenta rasgos que están lejos de lo considerado como el promedio, lo típico, lo "normal". Visto desde este ángulo, es evidente que Quasimodo cumple con la definición desde una muy temprana edad, pues Víctor Hugo nos describe que "el monstruito", alrededor de los cuatro años, tenía "una cabeza deforme en la que únicamente se veía un bosque de cabellos rojos, un ojo, la boca y los dientes" y, ya de adulto, de "nariz tetraédrica", con una "boca en forma de herradura", "pequeño ojo izquierdo tapado por una ceja pelirroja, espesa como un matorral, mientras que el ojo derecho desaparecía completamente tras una enorme verruga", "dientes en desorden, mellados por varios sitios, como las aspilleras de una fortalezs", "belfo calloso, entre el que se asomaba uno de los dientes, como el colmillo de un elefante", "mentón bipartido", muslos y piernas

10 Para los de la generación X (la mía) y más atrás, el rostro maquillado de Lon Chaney está tan indisolublemente asociado al del Hombre Lobo de los Estudios Universal, como el de Boris Karloff al de Frankenstein y el de Bela Lugosi al de Drácula de este mismo Monstruoverso.

"tan retorcidas que solamente pueden tocarse por las rodillas", "grandes pies, manos monstruosas". "Una vieja aclaró" que, además, "Quasimodo era sordo". Y no olvidemos la característica más sobresaliente: "entre los hombros una joroba enorme que también protruye por delante".

Esta lista detallada de los rasgos físicos de Quasimodo ha motivado a médicos como el endocrinólogo Michael Yafi a diagnosticar al famoso campanero de Notre Dame, en campaña por conquistar el amor de la gitana Esmeralda, con neurofibromatosis de Von Recklinghausen[11]. Según Yafi, esta rara enfermedad hereditaria, que provoca tumores en el cerebro, la médula espinal y los nervios, puede explicar: 1) la joroba de este personaje, pues es una complicación frecuente en ella la escoliosis o curvatura oblicua anormal de la columna dorsal; 2) el sobrecrecimiento dermatológico (por la presencia de neurofibromas cutáneos, que son tumores benignos de la piel) que terminó cubriendo un ojo de Quasimodo y haciendo que fuera cabezón, de grandes manos y pies, que se le deformaran las piernas, y que tuviese dientes irregulares; y 3) la pérdida de la audición (si bien no es lo habitual), que Víctor Hugo atribuyó al ruido ensordecedor —nunca mejor dicho— de las campanas (tal parece que el novelista fue un pionero en la descripción de los riesgos laborales de gremios como los alcantarilleros y los campaneros).

Una segunda posibilidad, que abarca la deformidad esquelética, el sobrecrecimiento de piel y el creci-

11 Yafi, M., 2019, Homage to Notre-Dame. What happened to Quasimodo? *Annales d'Endocrinologie*, 80, 259.

miento corporal asimétrico es el síndrome de Proteo, descrito en la literatura médica en 1976 y más conocido por la mayoría de nosotros gracias a la película de 1980 El *hombre elefante*. Si la neurofibromatosis de Von Reclinghausen es rara, este síndrome lo es cien veces más, y sólo afecta a uno en un millón.

No se descarta un tercer diagnóstico sugerido a finales del siglo pasado por un grupo de cardiólogos, quienes se atrevieron incluso a bautizar como síndrome de Quasimodo durante el sueño a los casos de cifoescoliosis severa. La cifoescoliosis es una deformidad de la columna vertebral que, como indica su nombre, resulta de la combinación de cifosis y escoliosis, lo que se traduce en una curvatura anteroposterior y una desviación lateral de la columna vertebral. Los autores de esta hipótesis añaden que esta deformidad torácica suele venir acompañada de alteraciones del sueño e hipoxemia (bajo nivel de oxígeno en la sangre) que podrían explicar algunos aspectos de la personalidad de Quasimodo (sus estados de confusión o agitación, por ejemplo)[12].

Por último, como todo depende del color del cristal de la especialidad médica con que se mire, un equipo de pediatras aventura como una cuarta opción que Quasimodo tuviese un extraño síndrome, caracterizado por anomalías esqueléticas y retraso mental, descrito por primera vez por el pediatra (¿qué esperábamos?) Gertrud Hurler y nombrado en honor a éste, lo que es bueno para quienes no somos médicos, pues

12 Guillerminault, C., Kurland, G., Winkle, R. y Miles, L.E., 1981, Severe kyphoscoliosis, breathing, and sleep: The Quasimodo Syndrome during sleep, *Chest*, 79(6), 626-630.

en el argot se llama mucopolisacaridosis tipo I[13]. A Hurlter debemos agradecer también que, como las características faciales de los pacientes con su síndrome asemejan gárgolas, se refiriese a su síndrome como gargolismo.

Sea lo que sea que inspirara al creador de Quasimodo a la hora de jorobarlo, todos podemos estar de acuerdo con el igualmente ficticio Dr. Crane (Kelsey Grammer), que al ser cuestionado por su padre, Martin (John Mahoney), sobre cómo estuvo su comida en un capítulo de *Frasier* respondió: "Desde que Quasimodo paseaba por las calles del París medieval, no había habido tanta gente que murmurara la frase: *Pobre hombre*".

13 Markeas, N.G. y Verdis, A., 2019, What was Quasimodo suffering from? *Acta Orthopaedica et Traumatologica Hellenica*, 70(1), 19-27.

MOBY DICK

MELVILLE Y UN PERIPLO MATEMÁTICO Y UN NAUFRAGIO FRENOLÓGICO

Ron Swanson (Nick Offerman): ¿Metáfora? Odio las metáforas. Es por eso que mi libro favorito es *Moby Dick*. Nada de simbolismo frufrú. Sólo una simple y buena historia sobre un hombre que odia a un animal.
Parques y recreación, Fluoruro, (2013)

"Llamadme Ismael". Quien pueda citar otro íncipit que, con tan sólo tres palabras en el original ("Call me Ishmael"), y dos en español, permita reconocer de inmediato un clásico de la literatura, se merece un premio de parte de esta editorial[1] y mi reconocimiento inmediato.

Desde que el mundo conoció, en 1851, la historia de odio, obsesión y venganza de un capitán ballenero hacia un cachalote albino, lectores y críticos literarios no han dejado de arponearle las costillas al fantasma de Herman Melville[2], toda vez que apuestan a que el cetáceo más famoso del mundo (aunque les pese a Keiko / Willy y Michael Jackson) es una metáfora de Satanás o de Dios, una alegoría del Bien o del Mal absolutos, un símbolo de la muerte, el terror, el destino, la locura y, estirando la metáfora al máximo, hasta una enfermedad venérea.

Hay, inclusive, un libro entero sobre las varias —y, necesariamente, incompletas— interpretaciones simbólicas de *Moby Dick* en el que su autor, el *melvillenólogo* Leonard Slade, nos revela que "los críticos sienten

1 Se lo merece, pero no significa que la editorial decida otorgárselo.
2 Quien seguramente hubiese preferido que lo hicieran mientras estaba vivo. Para su desdicha (y solaz de los padres que advierten de los riesgos económicos de elegir la escritura como modus vivendi), Melville no disfrutó de éxito económico ni literario. Ser considerado uno de los grandes de la literatura tomaría más de 70 años, gracias a que autores como E.M. Forster y D.H. Lawrence lo "descubrieron" para sus colegas y el resto del mundo.

que la naturaleza de las experiencias de uno determinará el significado que verá en la ballena". O sea que, atendiendo a esta sentencia, para ese uno la ballena puede ser todo y nada. O, si ese uno es una y, además, matemática, puede ser, más apropiadamente, el infinito y el cero y, entre uno y otro, oleadas de alusiones, referencias y metáforas matemáticas que, por impresionante que parezca, nadie más había estudiado tan concienzudamente desde la perspectiva numérica de quien bien pudo iniciar su análisis con un "Llamadme Sarah Hart".

En su lectura de Melville —que no se limita a su opus magnum—, Sarah Hart muestra que este autor sentía una manifiesta inclinación por las matemáticas; no sólo era bueno con los números, sino que poseía además un conocimiento de ramas como la aritmética y la geometría mucho mayor que lo que podría esperarse de alguien con su formación académica[3]. Prueba de que lo matemático no le era indiferente es que no desaprovechó ninguna oportunidad para ponerlo en boca de sus personajes. Por ejemplo, en *Mardi. Y un viaje más allá*, el novelista que amaba a las ballenas y los números[4] prometió a su editor que, ante el mal

3 Hart, S., 2019, Ahab's Arithmetic; or, The Mathematics of Moby-Dick, arXiv:1903.1202, 16 pp. Esta investigadora clasifica además todas las citas que abordan —más bien, desbordan— matemáticas en: Hart, S., Mathematical Quotations in Melville's Moby-Dick, http://eprints.bbk.ac.uk/id/eprint/26952.

4 Afirmación que puede parecernos bastante discutible, sobre todo porque, al igual que su personaje Ismael, si Melville se embarcó en 1841 en el barco ballenero Acushnet, es claro que no lo hizo con el propósito de proteger a los cetáceos, lo que no significa que estos leviatanes no lo fascinaran. Examinar las obras de ficción tras las lentes del ecologismo es base de lo que se conoce como ecocriticismo y, como raros son el autor y el clásico que salen ilesos de un embate así, mejor lo dejaré para otro libro.

recibimiento que tuvieron frases como "Eres más difícil de resolver que el cálculo integral" y "¡Aléjate con tu lógica y tus secciones cónicas!" —en síntesis, la novela entera—, su próximo libro no contendría "ni metafísica ni secciones cónicas, nada sino pasteles y ales".

La promesa duró lo que tardó Melville en terminar de escribir *Redburn: Su primer viaje*, porque lo que siguió fue *Moby Dick* y el regreso de referencias más propias de maestros de escuela que de la tripulación de una embarcación ballenera: "Eres fiel, muchacho, como la circunferencia a su centro", elogia Ahab al grumete Pip. Si en vez de arpones el capitán del Pequod arrojaba a Moby Dick metáforas geométricas como la anterior, podemos entender que la ballena le arrancara una pierna durante su primer encuentro.

Tratándose del océano y de un leviatán tan colosal como *Moby Dick*, es comprensible que Melville se valiese de las matemáticas para crear en nuestra mente imágenes de magnitudes equiparables: "El vasto fantasma blanco y decapitado sigue alejándose del barco, y a cada vara que deriva así flotando, se aumenta el criminal estrépito con lo que parece varas cuadradas de tiburones y varas cúbicas de aves". Una vara es una medida de longitud de una época caótica que, gracias a que el mundo ha adoptado el Sistema Internacional[5] (creado en 1960), hace tiempo que dejamos atrás. En los tiempos del capitán Ahab, una vara lo mismo equivalía a 0.836 m que a 0.770 m, dependiendo de si era castellana o aragonesa y, más probablemente —dado

5 Aunque con ciertas renuencias culturales, tan patentes como inocuas, de parte de nuestros vecinos del norte en, por ejemplo, las yardas del futbol americano.

que en el original la unidad mencionada es *rood*—, su longitud era igual a 0.939 m... si se trataba de una *English rood*, o a lo mejor no, pues también pudo tratarse de una *Scottish rood*.

Ya que de imágenes mentales hablamos, Melville insiste en meter en la misma red cómo piensan los cerebros de los cetáceos, el pensamiento de Euclides y lo que nosotros pensamos cuando pregunta: "pero ¿acaso su cerebro es mucho más comprensivo, combinador y sutil que el del hombre, para que en un mismo momento pueda examinar atentamente dos perspectivas, una a uno de sus lados, y la otra en la dirección exactamente opuesta?" Lo que lleva al escritor a esta reflexión es que, a diferencia de nosotros, que dependemos bastante de la vista y percibimos un mundo tridimensional gracias a la superposición desfasada de la imagen que ve cada uno de nuestros ojos y que resulta en lo que se conoce como visión binocular o estereoscópica, los ojos de los cetáceos son independientes uno del otro, de manera que estos animales pueden ver un objeto diferente con cada ojo.

Melville continúa su razonamiento sobre la conexión entre vista y neurociencia cetáceas por esta vía, pero ni en las ballenas ni en ningún animal con visión no monocular independiente ocurre lo que él especula con estas palabras: "Si puede [tener dos pensamientos distintos sobre algo y evaluar cada uno de ellos a la vez], entonces es una cosa tan maravillosa para un cetáceo como si un hombre fuera capaz de recorrer simultáneamente las demostraciones de dos diversos problemas de Euclides". Sería maravilloso, sí. Pero no, ni el cerebro de Moby Dick procesa información en paralelo, ni contamos con una geometría mobydickeana al lado de la euclidiana.

La extracción del problema de la marmita

Sarah Hart resalta que un problema geométrico en particular fue el que despertó sus sospechas sobre el gran interés y familiaridad de Melville con las matemáticas. En *Moby Dick* Melville describe las "try pots", ollas de destilación u ollas de prueba que algunas traducciones nombran como "marmitas de destilería" y que eran recipientes en los que los balleneros, después de cazar a un cetáceo, colocaban pedazos de tejido graso removido de la piel del animal para, al calentar la olla, extraer el aceite conocido como esperma de ballena.

Sobre estas ollitas (más bien ollotas), en el capítulo 96 del libro leemos: "Levantando esa escotilla, se hacen visibles las grandes marmitas de destilería, dos en número, y cada una de ellas de varios barrels de cabida. Cuando no se usan, se conservan notablemente limpias. A veces se pulimentan con esteatita[6] y arena, hasta que brillan por dentro como poncheras de plata. Durante las guardias nocturnas, algunos cínicos marineros viejos se deslizan dentro de ellas y se enrollan para echar un sueñito. Mientras se ocupan en pulimentarlas —uno en cada marmita, a cada lado— se transmiten muchas comunicaciones confidenciales por encima de los labios de hierro".

Y aquí viene lo que a Hart y a nosotros más nos interesa: "También es lugar para profundas meditaciones

6 La esteatita es una roca compuesta sobre todo por talco, cuya suavidad hace que, al tacto, parezca jabón; de ahí que a veces se le llame roca de jabón.

matemáticas. Fue en la marmita izquierda del Pequod, con la esteatita dando vueltas diligentemente a mi alrededor, donde por primera vez me impresionó indirectamente el notable hecho de que, en geometría, todos los cuerpos que se deslizan a lo largo de la cicloide, por ejemplo mi esteatita, descienden en cualquier punto empleando exactamente el mismo tiempo".

La cicloide es la curva que genera un punto de la circunferencia de un círculo (puede que nos resulte más cómodo pensar en este caso en una rueda) conforme ésta gira a lo largo de una línea recta; la circunferencia es entonces la generatriz y la recta la directriz de la curva. Estudiada por primera vez (posiblemente) por Nicolás de Cusa en el siglo XV, descrita por Charles de Bovelles en su *Introductio in geometriam* en 1503, y bautizada por Galileo en 1599, la cicloide es la solución matemática a dos cuestiones de la física, siendo una de ellas a la que se refiere la marmita de Melville: el llamado problema tautócrono[7]. Este problema fue resuelto en 1690 mediante cálculo diferencial e integral por Jakob Bernoulli, y consiste en hallar la forma de la curva —que, como acabamos de mencionar, resultó ser una cicloide— que describirá un objeto que cae

7 El otro es el problema de la braquistócrona, resuelto por el hermano de Jakob, Johann Bernoulli en 1696. Una forma de enunciarlo es que una curva braquistócrona es la forma que presenta una rampa que es recorrida en el menor tiempo posible por un cuerpo cuya velocidad es cero en su posición inicial, A, y que se desplaza y desciende sin fricción por esa rampa, bajo el único efecto de la gravedad, hasta llegar a una posición final, B. A y B no están en una misma línea vertical, pues en este caso la curva sería una simple recta (sería como bajar en un elevador). Pensemos más bien en que A y B son los puntos inicial y final de una típica curva flexible de plástico naranja de los carritos Hot Wheels, por la que dejamos rodar uno de ellos.

desde un punto de partida A, sin fricción y bajo la acción de la gravedad, hasta la parte más baja de esa curva, de manera que el intervalo de tiempo en que lo haga no dependa de en qué parte de la curva esté A.

Puesto que, ni en el siglo XIX ni en el XXI, las cicloides han sido parte de la formación de todo aquel que, como Melville, haya tenido una educación preuniversitaria (muchas veces, ni siquiera es parte de la educación universitaria), Hart decidió investigar más a fondo de dónde provino el conocimiento de este autor sobre esas curvas. En 2015 Zachary Turpin, experto en historia de ciencias y humanidades en el siglo XIX, señaló que una posibilidad era que Melville hubiese leído sobre ellas en la introducción del matemático Rober Potts a la edición en inglés de 1845 de los *Elementos* de Euclides, pero Hart la descarta porque, una cosa es que mencione las cicloides (lo que sí hace), y otra muy distinta es que explique las ecuaciones que las describen[8] y el problema tautócrono. La hipótesis alternativa de Hart es que Melville adeuda su conocimiento de las cicloides en particular y su atracción por los números en general a una persona en especial: Joseph Henry.

A sus once años de edad, y luego de que su familia se mudara a Albany, Melville ingresó en 1830 a la que era considerada la mejor escuela del estado de Nueva

8 "¿Incluyo las ecuaciones?" "¡No!", respondió más de una de las personas consultadas al escribir este capítulo, pero uno es necio y decidí seguir a medias su consejo y agregarlas en esta nota. Para una generatriz de radio r que gira sobre el eje x, uno puede graficar una cicloide mediante: $x=r(t\text{-}sint)$ y $y=r(\text{-}1\,cost)$, donde t es un número real que podemos interpretar como el tiempo (o número de iteraciones, al programar las fórmulas) durante el cual gira la circunferencia.

York: la Academia Albany (la cual, hasta la fecha, sigue ofreciendo sus servicios educativos). En ese colegio Joseph Henry impartía, entre otras materias, la clase de Matemáticas y Filosofía Natural en la que estaba inscrito Melville. Henry se distinguía por ser tan buen científico como maestro y divulgador de la ciencia, pues fue de los primeros en usar una invención que revolucionaría la manera de enseñar materias como matemáticas y ciencias en el salón de clases: el pizarrón. Además de ello, Henry acostumbraba hacer experimentos científicos en el aula e impartir pláticas sobre física y química abiertas al público en general.

La mayor muestra de la trascendencia que Henry tuvo en Melville es algo que los biógrafos del novelista suelen narrar poniendo el acento, en opinión de Hart, en el lugar equivocado: durante el verano de 1831 el pequeño Herman ganó un premio por ser el alumno más destacado en su clase de aritmética. La mayoría de los estudiosos de la vida de Melville no dudan en afirmar que este reconocimiento "sorprendió a todos" (refiriéndose a sí mismos, quizás) o sostienen cursilerías como que el premio, un libro de versos, "encendió una chispa de poesía en su alma". Como si el estudio de las matemáticas —como bien apunta Hart— no fuese estímulo suficiente para fomentar, a la par de la inteligencia, la creatividad de Melville y de cualquier persona.

Cuatro matemáticos a bordo del Pequod

Euclides y la geometría emergen por oleadas en diferentes capítulos de la epopeya de Melville, y hasta se zambullen en notas a pie de página de su misma autoría, como cuando siente la necesidad de acuñar un significado especial para "cuña", luego de indicar que la cabeza del cachalote está dividida a lo largo por dos de éstas: "Cuña no es término euclidiano. Pertenece a la matemática náutica pura. No sé qué haya sido definido antes. Una cuña es un sólido que difiere de una pirámide porque su extremidad aguda está hecha por la rápida inclinación de un lado, en vez de la mutua inclinación de ambos lados".

Junto con Euclides otros tres autores de textos matemáticos, igual de famosos en Estados Unidos que el de los *Elementos*, acompañan a Ismael y al resto de la tripulación del Pequod: Nathan Daboll, Nathaniel Bowditch y Matthew-Fontaine Maury.

El libro de texto de aritmética de Daboll fue a los estudiantes estadounidenses de la primera mitad del siglo XIX lo que el de álgebra de Baldor a los mexicanos. Publicado en 1799, *El asistente completo del maestro de escuela de Daboll*[9] contenía cientos de ejemplos y ejercicios de aritmética y provocó no pocos quebraderos de cabeza a la hora de resolver "problemas prácticos" para la vida decimonónica diaria como el siguiente:

9 La publicación de las múltiples reimpresiones y ediciones durante las siguientes décadas se convirtió en todo un negocio familiar, y ya en 1836 el libro había añadido como coautor a David A. Daboll, nieto del Daboll original. No fue lo único agregado a la portada de la obra; el título se alargó a: *El asistente completo del maestro de escuela de Daboll: Un sistema de Aritmética práctica sencillo, amplio, adaptado para el uso de las escuelas de los Estados Unidos. Ejemplificado e ilustrado de una forma calculada para captar las mentes de la juventud en su estudio, e impartirles un conocimiento profundo de Aritmética práctica.*

"Un hombre compró un caballo y acordó dar un centavo por el primer clavo, dos por el segundo, cuatro por el tercero y etcétera. Había cuatro herraduras y ocho clavos en cada herradura, ¿cuánto terminó costando el caballo?"

O como este otro:

"Siete caballeros se reunieron en un hotel, y se sentían tan a gusto con su anfitrión y cada uno con los otros, que decidieron continuar juntándose, tanto entre ellos como con su anfitrión, siempre que pudieran sentarse cada día en una posición diferente durante la cena. ¿Cuánto tiempo habrían seguido reuniéndose en el hotel para haber cumplido con este acuerdo?"

Quizás algo del estilo pedagógico de Daboll pudo haberse quedado en el segundo oficial de Ahab, Stubb, pues sabemos que este autor y sus problemas no le eran del todo extraños cuando comenta: "he oído decir que se pueden sacar diablos con la aritmética de Daboll". ¿Qué de raro tiene, en vista de esto, la respuesta que el mismo Stubb da sobre la posible edad de Fedallah, uno de los arponeros: "¿Ve ahí ese palo mayor? —señalando al barco—: bueno, ése es el número uno; ahora tome todos los aros de barril que haya en la bodega del Pequod, y póngalos en fila, como ceros, con ese palo, ya entiende: bueno, con eso no se empezaría la edad de Fedallah. Ni todos los toneleros del mundo podrían enseñar aros bastantes para hacer ceros".

Más predecible de mentar entre marineros de la época es el matemático Nathaniel Bowditch por ser autor de El *Navegador Práctico Estadounidense* (*The American Practical Navigator*), referencia obligada para capitanes y oficiales náuticos por contener tablas, términos meteorológicos y oceanográficos, e instrucciones sobre el uso de diferentes y habituales instrumentos de navegación. El valor de este libro como obra de consulta es patente porque tuvo más de 50 ediciones ininterrumpidas y actualizadas desde su publicación en 1802 y hasta 1860, año en que los derechos de autor fueron adquiridos por el gobierno de los Estados Unidos[10].

Es entonces comprensible que Ismael advierta a los armadores de Nantucket: "¡Cuidado con alistar en vuestras vigilantes pesquerías a ningún muchacho de frente descarnada y mirada profunda, dado a tan inoportuna meditatividad, y que se ofrece para embarcarse llevando en la cabeza el *Fedón* en vez del Bowditch!" Por supuesto que, en medio del mar, lo más aconsejable es contar con un manual de navegación en lugar de con un texto de filosofía, por más que Platón haya escrito este último.

El cuarto y último autor citado por Melville en sus aventuras de Ismael, el marino, es el oceanógrafo Matthew-Fontaine Maury, oficial de la marina estadounidense que sería uno de los primeros científicos en aprovechar lo que ahora conocemos como Big Data o datos masivos: el uso de enormes cantidades de información para entender cómo se comporta algún fenómeno.

Maury recolectó más de un millón de mediciones de viento, presión atmosférica y otras variables meteorológicas registradas por innumerables personas en cientos de bitácoras almacenadas en el Depósito de Cartas de Navegación e Instrumentos de la Marina de

10 Desde entonces, sigue publicándolo. A la fecha, está disponible de manera gratuita en línea.

los Estados Unidos. Con ayuda de una docena de personas (quienes, de haber sido contratados hoy, serían capturistas de datos o prestadores de servicio social) procesó toda esta información (es decir, hizo las transformaciones matemáticas necesarias, incluyendo conversiones de unidades, eliminación de datos erróneos, redondeos y operaciones aritméticas), de manera que fuese posible elaborar tablas y gráficas de corrientes superficiales y vientos para diferentes épocas del año y distintas regiones oceánicas. Esto es aún más asombroso una vez que tomamos en cuenta que Maury lo hizo sin ayuda de computadora alguna, dado que la primera se inventaría casi cien años después de lo aquí narrado.

En *Moby Dick*, Melville llama en más de una ocasión nuestra atención sobre la importancia científica de reunir toda observación posible al estudiar a las ballenas. Ismael tenía, estrictamente hablando, tatuado en la piel este deber[11]: "Las dimensiones del esqueleto que ahora voy a anotar están copiadas literalmente de mi brazo derecho, donde me las hice tatuar; ya que, en mis locos vagabundeos de ese período, no había otro modo seguro de conservar tan valiosas estadísticas".

Con igual propósito, en otro capítulo el novelista abunda: "Tan comprobado, en efecto, es el hecho de la periodicidad de la presencia del cachalote en unas aguas determinadas, que muchos cazadores creen que, si se pudiera estudiar y observar de cerca por todo el mundo, y se compararan cuidadosamente los cuader-

11 Esto podría ser tema de un meme al estilo de *Investigadores de ahora*: "No hay internet, mi celular no tiene carga, mi bolígrafo se rompió". *Investigadores del siglo* XIX: "Si necesitas más espacio para escribir, tatúame los datos".

nos de bitácora de una sola campaña de toda la flota ballenera, se encontraría que las emigraciones del cachalote se parecen en lo invariable a las de los bancos de arenques o a los vuelos de las golondrinas. Con esta sugerencia, se han hecho intentos de construir complicados mapas de emigración del cachalote".

Y es en una nota suya al pie de página donde Melville introduce a Maury: "Desde que se escribió lo arriba dicho, la afirmación ha sido felizmente confirmada por una circular oficial, de 16 de abril de 1851, emitida por el teniente Maury, del Observatorio Nacional de Washington". En esa circular Maury comunica que, en efecto, había elaborado un mapa de la distribución de diferentes especies de ballenas y su variación estacional en el Océano Pacífico (debido a la intensidad de la industria ballenera, ya para entonces éstas se hallaban prácticamente ausentes en el Atlántico).

Sarah Hart termina su travesía matemática al lado de Ahab sumando otro simbolismo más a la novela: ella opina que la locura del capitán del Pequod crece a medida que abandona o destruye sus instrumentos de navegación —comenzando por el cuadrante, continuando con el compás y terminando con la corredera[12]— para seguir con la caza de la ballena conducido por puro instinto. Cuando Ahab continúa navegando sin hacer más cálculos, nos dice Hart, lo que está rechazando es ser guiado por la razón al encuentro de su trágico destino.

12 La corredera era una cuerda, dividida en nudos, que tenía en un extremo un flotador (generalmente una tabilla de madera en forma de arco y lastrada con plomo) y en el otro un carrete en el que estaba enrollada. Este instrumento permitía medir distancias y velocidades de una embarcación.

Quienes sienten que se ahogan con simbolismos matemáticos tan funestos, antes de dar vuelta a la hoja pueden abrazar este salvavidas de optimismo que nos arroja el escritor motivacional Zig Ziglar: "Confianza es ir tras Moby Dick en un bote de remos y llevar la salsa tártara contigo".

Cuando a Melville la craneología del cachalote le pasó por la cabeza

> Homero: ¿Qué clase de ejemplo daría si no me vengara de estas cosas?
> Lisa: Papá, no puedes vengarte de un animal. Ese es el punto esencial de *Moby Dick*.
> Homero: Lisa, el punto en *Moby Dick* es ser tú mismo.
> *Los Simpson*, El gordo y el peludo (2003)

Junto con las no siempre populares matemáticas una curiosidad pseudocientífica muchísimo más popular en los años de escritura y publicación de *Moby Dick* subió, casi de polizón, al Pequod y es exhibida por Melville desde los primeros capítulos. Cuando Ismael describe al arponero Queequeg, menciona que "lo cierto es que su cabeza era excelente desde el punto de vista frenológico" por el hecho de tenerla afeitada y facilitar así lo que esta pseudociencia aseguraba ser capaz de hacer: determinar la personalidad de alguien a partir de la "lectura" de su cabeza[13].

13 La forma en que los conceptos frenológicos están presentes en la novela fue analizada recientemente por Cruz de Souza, L., Teixeira, A.L., De Oliveira, G.N.M., Caramelli, P. y Cardoso, F., 2017, A critique of phrenology in Moby-Dick, *Neurology*, 89, 1088-1090.

La metáfora del párrafo anterior no significa que los frenólogos afirmaran saber qué es lo que alguien está pensando. Estos pseudocientíficos más bien eran craneólogos, en el sentido de que estudiaban la forma del cráneo de un humano u otro animal (ballenas incluidas). Y si ni frenología ni craneología suenan suficientemente "científicas", sus proponentes y defensores también tenían en el bolsillo el nombre de organología o, mejor aún, fisiognomía cuando en vez del cráneo se valían de la cara como sustitutos de los tests de personalidad.

Sin contar con evidencia que respaldara las hipótesis en que se basaba la frenología, ni importarle demasiado diseñar experimentos u observaciones para ponerlas a prueba (de ahí lo de *pseudociencia*), Joseph Gall, padre de esta charlatanería, asumía que las diferentes circunvoluciones y regiones del cerebro eran responsables de funciones mentales independientes, que distintas zonas cerebrales estaban relacionadas con ciertos comportamientos que resultaban en un total de 27 rasgos de personalidad, y que estos últimos podían ser identificados por el frenólogo luego del examen meticuloso de las características morfológicas de un cráneo. De no estar disponible por entero (el cráneo, no el frenólogo), por hallarse aún dentro de la cabeza del sujeto a examinar, el pseudocientífico tenía la opción de palpar las anfractuosidades que presentaba dicha testa para elaborar su diagnóstico. Todo esto era tema de las conferencias que Gall impartía ante auditorios a reventar alrededor de 1800.

A bordo del Pequod, Melville se lanza a explorar lo que debió haber sido el sueño húmedo de todo frenólogo: la inmensa cabezota de un cachalote. No es ocioso que el nombre científico de este cetáceo, *Physeter macrocephalus*, enfatice la macrocefalia de un animal que es en un tercio pura cabeza y que posee el cerebro más grande de todas las especies. El anteproyecto de estudio frenológico del cachalote, con el que Melville habría pedido su financiamiento por Conacyt, podría iniciar como comienza este capítulo de Moby Dick, titulado "La dehesa":

"Escudriñar las líneas de la cara o palpar los bultos de la cabeza de este leviatán es cosa que ningún fisiognomista o frenólogo ha hecho jamás. Tal empresa parecería casi tan poco prometedora como lo habría sido para Lavater escudriñar las arrugas del Peñón de Gibraltar, o para Gall subir en una escalerilla a manosear la cúpula del Panteón. Sin embargo, en sus famosas obras, Lavater no sólo trata sobre las diversas caras de los hombres, sino que también estudia atentamente las caras de los caballos, pájaros, serpientes y peces, y se demora en detalles sobre las variedades de expresión discernibles en ellas." El Lavater a quien se refiere Melville es Johann Kaspar Lavater, un filósofo y teólogo cuyas ideas tuvieron influencia en Gall.

El resto de "La dehesa" y del siguiente capítulo, "El núcleo", párrafo tras párrafo continúa la descripción fisiognómica melvilliana. A continuación, unos breves fragmentos de su reporte craneológico/fisiognómico:

"Desde el punto de vista fisiognómico, el cachalote es una criatura anómala" [por carecer de "nariz propiamente dicha"], "quizá la visión fisiognómica más impotente que quepa tener del cachalote es la plena visión frontal de la cabeza", "De perfil, observáis claramente esa depresión horizontal, como una media luna, en el centro de la frente, que en el hombre es la señal del genio, según Lavater", "para el frenólogo su cerebro [del cachalote] parece aquel círculo de la geometría que es imposible cuadrar", "En el animal maduro, el cráneo mide por lo menos veinte pies de largo".

Vale la pena resaltar una reflexión en especial: "Está claro, entonces, que, desde el punto de vista frenológico, la cabeza de este leviatán, en el estado vivo e intacto del animal, es un completo engaño". Tan completo que Melville no terminó el primer párrafo de "La dehesa" sin opinar que la frenología y la fisiognomía no son otra cosa que semiciencias (es decir, pseudociencias).

En un episodio de su programa homónimo, el comediante Jerry Seinfeld aseguraba a su amigo George Constanza: "Cuando lees *Moby Dick* por segunda vez, Ahab y la ballena se hacen buenos amigos". Que ocurra esto es tan probable como que, la próxima vez que abramos esta novela, la frenología y la fisiognomía dejen de ser semiciencias.

LAS OLAS

VIRGINIA WOOLF Y EXPERIMENTOS CIENTÍFICOS Y LITERARIOS DE IDENTIDAD DUAL

Stewie [con el diario de Meg en sus manos]:
¡Ah! Mira esto. Pegó fotografías de Virginia Woolf
y Katy Perry detrás de la portada, como si fuera
una versión moderna híbrida de esas dos.
Brian: Ugh. Sí, como si ella pudiera alguna vez
escribir *¿Quién teme a Virginia Woolf?*
Stewie: Brian, *¿Quién teme a Virginia Woolf?*
no fue escrito por Virginia Woolf.
Brian: Sí, obviamente. Pero, tú sabes,
tra-trata sobre todo acerca de ella.
Padre de familia, Amigos sin beneficios (2012)

"Hablar de conocimiento es fútil. Todo es experimento y aventura. Estamos por siempre mezclándonos con cantidades desconocidas". Quien habla así es Bernard, uno de los seis personajes en busca de identidad con los que en *Las olas* Virginia Woolf hace precisamente lo que esta cita parece resumir: aventurarse en conceptos de la física moderna para, haciendo resonancia de resultados experimentales que mostraban aspectos por completo ajenos al conocimiento que teníamos del mundo, experimentar por su cuenta con ellos al entrelazarlos mediante un estilo literario que, si no imposible, habría sido al menos altamente improbable de lograr sin el conocimiento que sobre mecánica cuántica —teoría en extremo reciente en ese entonces— tenía esta escritora.

Si bien la mutua influencia de ciencia y literatura hace varios capítulos que dejó de ser noticia, y la inspiración de la primera en la obra de Virginia Woolf es más o menos evidente para sus críticos y lectores, lo que tenemos "en cantidades desconocidas", y probablemente mucho mayores que los escasos estudios con que a la fecha contamos, son las formas en que esta reciprocidad entre ciencia y literatura transforman la cultura y son transformadas por ella, y el papel importante e insustituible que, en no pocas ocasiones, han tenido en dicha transformación quienes, no pocas veces, son (somos, donde el plural me incluye) considerados los ornitorrincos de la ciencia[1]: los divulgadores científicos.

Catriona Livingstone, experta en el entrelazamiento entre Virginia Woolf y la física, señala que los críticos literarios que la antecedieron en el estudio de la incorporación de ideas provenientes de la física en las novelas de esta autora fueron demasiado vagos (por imprecisos, no por holgazanes, claro) a la hora de especular sobre las posibles influencias de la ciencia de principios del siglo XX en Woolf.

Como ejemplo de estas algo desencaminadas elucubraciones, pongamos el caso del fenómeno de entrelazamiento cuántico. Éste implica, entre otras cosas, que dos o más partículas subatómicas que están cuánticamente entrelazadas no pueden ser definidas como partículas individuales ya que, sin importar qué tan separadas se encuentren entre sí, las mediciones

1 La comparación es en vista de que, al exhibir características que atribuimos a clases de animales tan disímiles como mamíferos y aves, este animal tan sui generis asemeja a quienes, para comunicar a personas no especializadas algún concepto científico, a veces se valen (nos valemos) de herramientas y géneros literarios diversos. Tampoco faltan quienes, no sin malicia, prefieren compararnos más bien con patitos feos, pero recordemos que en el cuento la razón por la que el plumífero en cuestión resaltaba entre sus supuestos hermanos era porque no se trataba de un pato, sino de algo diferente. Por ello, siguiendo con el símil, la divulgación de la ciencia es también algo distinto de la investigación científica, con méritos propios que, en varios autores, incluyen una reconocida calidad literaria.

que de alguna propiedad física de una de ellas se hagan en cierto momento influirán de manera instantánea en las que corresponden a todas las demás. Cuando un crítico entusiasta de Woolf, de cuyo nombre no quiero acordarme, señala que en *Las olas* el comportamiento y los soliloquios de Bernard se entretejen con el comportamiento y los soliloquios de Jinny, Louis, Neville, Rhoda y Susan, de manera que todos cambian a la manera de un entrelazamiento cuántico, el problema es que esta explicación es anacrónica, pues la novela se publicó en 1931, cuatro años antes de que el fenómeno fuese enunciado por Albert Eintein, Boris Podolski y Nathan Rosen.

Alguien podría aducir que estamos ante otra situación de las expuestas en estas páginas, donde la autora, gracias a su gran capacidad de observación, se adelanta en su descripción a lo que posteriormente la ciencia nombra, registra y estudia sistemáticamente. El problema es que, por un lado, Virginia Woolf no pudo haber observado a simple vista la "fantasmagórica[2] acción a distancia" (Einstein dixit) del entrelazamiento cuántico (ya que apenas en este siglo ha sido posible realizar experimentos en los que se presente en una escala macroscópica); por otro lado, Woolf tampoco pudo haber tenido alguna fantasmagórica intuición que se adelantara a la formulación matemática formal

2 Preferí traducir así "spooky", en lugar de usar las más comunes versiones en español de la cita, en las que aparece "misterioso" o "espeluznante"; creo que es más próximo este significado a la intención original de Einstein, en el sentido de "ilusión de los sentidos o figuración vana de la inteligencia, desprovista de todo fundamento", pero tampoco puedo jactarme (aunque quisiera) de ser intérprete oficial de nobel tan famoso.

de Einstein-Podolski-Rosen puesto que, si algo caracteriza a los fenómenos cuánticos, es que su comportamiento es contraintuitivo: contradice lo que nuestros sentidos y la física clásica nos han enseñado sobre la naturaleza de la realidad. De ahí la frase de Richard Feynman[3], ampliamente citada cuando se toca el tema: "Creo que puedo decir con certeza que nadie entiende la mecánica cuántica"[4].

Dado que Virginia Woolf no tenía una formación como investigadora ni trabajaba en un laboratorio de física de partículas, lo que sobre esta disciplina científica sabía —y que permea *Las olas* y varias novelas más— no lo aprendió directa y formalmente dentro de los muros de las universidades e institutos de investigación, sino mediante la comunicación de conceptos y teorías —en libros, periódicos y conferencias— que hicieron divulgadores científicos. Evidencias de esta conexión con Woolf fueron minuciosamente enlistadas por Livingstone en un ensayo suyo publicado en 2018 y merecedor de una mención

3 Premio Nobel de Física por su reformulación de la mecánica cuántica mediante integrales de trayectoria (comunes cuando se usan números complejos, que tienen una parte real y otra imaginaria, lo que no significa que esta última no exista), que parte de la idea de que un electrón toma todos los caminos posibles entre un estado inicial y otro final, lo que resulta en una "suma de historias". Feynman fue además un divulgador científico divertido en extremo: varias de sus anécdotas fueron recopiladas, tal como se las contó a su colega Ralph Leighton, en *Surely You're Joking, Mr. Feynman* (traducido como *¿Está usted de broma, Sr. Feynman?*).

4 El término ha sido tergiversado y aprovechado por innumerables gurús y charlatanes para vendernos imaginarias "curaciones cuánticas" aderezadas con pseudociencia. Quizás deberíamos hacer caso al episodio de *Rick y Morty* en el que el primero nos advierte: "¿Carburador cuántico? ¡Jesús, Morty! No puedes sólo añadir una palabra de ciencia ficción a una palabra de un auto y esperar que signifique algo".

honorífica otorgada por la Sociedad Británica para la Literatura y la Ciencia[5].

Sobre algunas particularidades de la mecánica cuántica y las olas que hizo Woolf de ellas

> Marge: Cuando Virginia Woolf escribió
> que "Toda mujer necesita un cuarto propio",
> debe haber estado hablando de la cocina.
> Bart: ¿Qué es lo primero que vas
> a hacer en tu nueva cocina?
> Homero: ¿Qué tal cocinar algo de dinero? Porque
> esta estúpida cocina costó cien mil dólares.
> *Los Simpson*, En la guerra todo se vale (2004)

De acuerdo con Livingstone, además de ser una ávida lectora de lo que diarios como *The Times* publicaban continuamente sobre los temas tratados en conferencias y reuniones científicas organizadas por sociedades como la Royal Institution (fundada en 1799 por, entre otros científicos británicos, Henry Cavendish), entre las obras de divulgación de la ciencia halladas en el librero de la autora de *Al faro*, se encuentra *El átomo* (*The Atom*), escrito en 1930 por George Paget Thomson. Thomson. Antes de que Woolf usara el lenguaje de la ciencia para cuestionarse sobre qué es la identidad humana, Thomson usó en *The Atom* el concepto de identidad para hablar sobre qué es el electrón a la luz de la mecánica cuántica.

5 Livingstone, C., 2018, Experimental identities: Quantum Physics in *The Waves*, *Journal of Literature and Science*, 11(1), 66-81. Y esto es sólo el inicio, pues Livingstone se ha dedicado desde entonces a seguir el rastro de esta fértil interrelación científico/literaria en *Orlando*, *Al faro* y otras novelas de Woolf. Habrá que incluir sus hallazgos en una segunda edición del presente libro.

En su libro, Thomson discutía cómo, debido a que en experimentos de laboratorio esta partícula se comporta como una onda, "uno podría suponer que los electrones habían perdido su identidad y confundirse dentro de una masa general difusa"; pero esta suposición sería errónea de acuerdo con el principio de exclusión de Pauli, del que se desprende que un estado cuántico determinado[6] puede ser ocupado en cierto instante únicamente por un electrón; uno solo, no más. O sea que esta exclusión "es en su pura esencia una declaración de la terca individualidad de los electrones y de la imposibilidad de confundirse juntos".

¿Demasiadas metáforas en tan pocas líneas? ¿Prosopopeya en exceso al hablar de estas partículas elementales? "Es que los divulgadores así son: no entienden de lo que hablan, simplifican y banalizan la investigación científica y nos dan versiones homeopáticas de los conceptos científicos", podrían argumentar algunos críticos, y si bien no siempre yerran en sus señalamientos, si alguien sabía del comportamiento de los electrones era precisamente el autor de *El átomo*, puesto que George Paget Thomson fue galardonado en 1937 con un Nobel por sus descubrimientos sobre las propiedades ondulatorias de estas partículas[7]. Y ya que de ondas hablamos, el título original de la novela de

6 Un estado cuántico determinado queda definido por magnitudes físicas medibles conocidas como números cuánticos. De los más famosos entre estos números es el espín o momento angular del electrón.

7 Thomson fue también un gran divulgador científico, pues no sólo *El átomo* fue un libro ampliamente leído en los años 30 tanto en inglés como en otros idiomas (incluyendo una tardía traducción al español en 1958), Thomson también escribió para el público no especializado dos libros sobre J.J. Thomson (descubridor del electrón) y uno con sus reflexiones sobre el método científico y la finalidad de la ciencia: *The Inspiration of Science*.

Woolf se refiere, en un guiño explícito a la física, tanto a las olas del mar como a las ondas que son parte de la naturaleza dual de los electrones.

Tal vez sea oportuno aclarar aquí que fue Einstein quien, en 1905 y a partir del descubrimiento de Max Planck de que, en un átomo, la energía sólo puede ser absorbida o emitida en paquetes discretos (y no de forma continua) llamados cuantos, propuso que las ondas electromagnéticas se comportan como corpúsculos; dicho de otra forma, al proponer esta dualidad onda-corpúsculo, dio una explicación cuántica de lo que es la luz.

Cuando un átomo absorbe o emite energía, uno de sus electrones cambia de un nivel energético a otro en múltiplos de valores discretos (es decir, múltiplos enteros de h, que es conocida como la constante de Planck). Como consecuencia de esto, en 1913 Niels Bohr demostró que existe un número limitado de niveles energéticos (órbitas) que un electrón puede ocupar dentro del átomo.

El modelo teórico de Bohr generaba un pequeño error que se eliminaba si, como propuso Louis de Broglie en 1924, los electrones eran considerados como ondas con un conjunto de frecuencias discretas. Y en 1926 Erwin Schrödinger añadió que la amplitud de estas ondas no debía pensarse como la amplitud de una onda "real" (una ola, por ejemplo), sino que se trataba de la amplitud de una función de onda (un ente matemático), que indicaba la probabilidad de encontrar un electrón en un lugar y en un momento determinados.

La primera evidencia que presenta Catriona Livingstone de que, antes de la publicación de *Las olas*,

Virginia Woolf estaba ya familiarizada con estos y varios otros conceptos de la mecánica cuántica es una carta que escribió a su colega y amigo Hugh Walpole en julio de 1930. En ella, tras mencionar a Einstein (dado que Walpole recién había participado en una gira de conferencias en Alemania), escribe: "Otro toque y tendría que saltar de mi órbita en un vano esfuerzo por ser tú".

Livingstone explica que, aunque en su carta Woolf pudo haberse referido a la órbita de un planeta y no a la de un electrón, aquí la palabra clave es que los planetas no saltan de una órbita a otra, como sí ocurre en el modelo atómico de Bohr. Menos evidente es que, cuando Woolf dice que el salto de órbita sería un vano esfuerzo, pues con ello no se convertiría en Walpole, esto es una alusión implícita al ya expuesto principio de exclusión de Pauli: dos personas que sean completamente idénticas (en este caso, dos Walpoles) no pueden existir.

Dejemos en paz (por unos párrafos) la correspondencia íntima de Woolf para iniciar nuestra inmersión en *Las olas*. En una parte de ella en la que Louis se halla detrás de un seto, la escritora nos narra que este personaje experimenta una sensación de unidad con el mundo y pasa de sostener el tallo de una planta en la mano a ser él el tallo. Más aún, Louis dice que: "Mis raíces descienden hasta las profundidades del mundo", "Soy todo fibra", "mis ojos son los ojos sin párpados de una estatua de piedra en un desierto junto al Nilo", "Estoy enraizado en el centro de la tierra".

Todo va muy bien y muy estilo hijo-de-la-Pachamama, hasta que llega Jinny (recordemos que ella y

Louis son miembros del sexteto que puebla las páginas de la novela) y destruye esta unicidad con un simple acto: “Ahora, el rayo de una mirada pasa por el túnel. Y el rayo me toca”. En ese momento, Louis vuelve a ser Louis (“Soy un chico con un traje de franela gris”). ¿En algo nos parece familiar esta escena? Si uno es físico o ha leído sobre mecánica cuántica, podemos afirmarlo sin incertidumbre alguna... o, más bien, introduciendo algo de ella en el siguiente párrafo:

La descripción de Woolf en mucho se asemeja al principio de incertidumbre de Heisenberg, según el cual es imposible determinar simultáneamente la posición y la velocidad de un electrón de manera precisa en un experimento, ya que la medición se ve alterada por el simple acto de observación: antes de éste, la posición del electrón está dada por la función de onda que corresponde a su distribución de probabilidad, pero una vez observado, su posición se restringe a un solo punto (de acuerdo con Schrödinger[8]). El acto de

8 Y quien crea hay gato encerrado en el misterioso colapso de la función de onda de probabilidad por la mera observación del experimento, tiene toda la razón: se trata del gato de Schrödinger, uno de los experimentos mentales más famosos de la física. El experimento consiste en poner dentro de una caja cerrada a un gato junto con: 1) un contador Geiger (un detector de partículas); 2) un átomo radiactivo que, de acuerdo con la mecánica cuántica, puede considerarse en un estado de superposición de dos estados, uno en el que ha irradiado partículas y otro en el que no lo ha hecho; y 3) un dispositivo que libere veneno al interior de la caja en el instante en que el contador Geiger detecta una partícula liberada por el átomo radiactivo. Como, en ausencia de un observador, el átomo ha irradiado y no partículas, el contador ha detectado o no éstas y el veneno ha sido liberado o no. O sea que, mientras no abramos la caja, tenemos un gato que se encuentra en una superposición de estados vivo/muerto. Pero no debemos preocuparnos demasiado por la suerte del gato del experimento: al ocurrir en el pensamiento, ningún felino ha sido jamás dañado por teóricos cuánticos.

ser observado es también el que altera la naturaleza de la identidad de Louis: de indeterminada y una misma con el mundo, a limitada y única en el hombre del traje gris.

Como las olas del título, otros miembros del sexteto woolfiano oscilan de manera parecida a Louis en su experimentación de la dualidad onda-identidad indeterminada-abarcadora del mundo/partícula-identidad limitada-individual. Bernard, por ejemplo, que se "había creído tan vasto, un templo, una iglesia un universo sin límites. Capaz de estar en todas partes, junto a todas las cosas, y también aquí", en el momento en que ve "la expresión de tus ojos" y, en consecuencia, es visto por la persona dueña de ellos, se reduce a ser "un hombre entrado en años, de cuerpo bastante pesado, grises las sienes", "Ese es el golpe que me habéis propinado" al ser observado.

Después de surcar *Las olas* con la carta de navegación de Catriona Livingstone, es posible que concordemos con el politólogo y filósofo Goldsworthy Lowes Dickinson, quien con total arrobo escribió a Virginia Woolf: "... este libro [*Las olas*] me esclarece lo que es en verdad la literatura. No es [...] una especie de antítesis de la ciencia. Es ciencia vivificada".

Y aunque Lowes Dickinson no se equivoca en su elogio de la novela, Livingstone añade que la perspectiva del filósofo es bastante parcial. Para entender la razón, tenemos que los críticos literarios han propuesto tres modelos que pretenden explicar cómo se da la relación entre ciencia y literatura:

1. Según Paul Tolliver Brown y otros expertos, la influencia se da en un solo sentido, de manera que novelas como *Las olas* son influenciadas y reflejan ideas y teorías científicas; este modelo ha resultado ser bastante restrictivo, al relegar a la literatura a un estatus —en palabras de Livingston— casi parasítico, en el que los escritores se nutren de la ciencia sin ofrecer nada a cambio;
2. la *teoría de campo* de Katherine Hayles, según la cual las interacciones entre literatura y ciencia siempre son mutuas y determinadas por un "campo" que es construido cultural e igualmente por ambas. La crítica Gillian Beer considera que, con el enfoque de Hayles, se corre el riesgo de, al sobrestimar las distinciones entre disciplinas, asumir incorrectamente que ciencia y literatura pertenecen a un mismo campo homogéneo, por lo que propone una variante del modelo: la *teoría de campos abiertos*, en la que ciencia y literatura son campos separados, pero con fronteras abiertas que son cruzadas hacia uno y otro lado de manera constante; y
3. el modelo de *bucle de retroalimentación*, propuesto por Livingstone y que asume que, al darse no sólo de manera espacial —asunción hecha por los otros modelos—, sino también a lo largo del tiempo, la influencia entre ciencia y literatura además de mutua es circular: ideas particulares de una pasan a la otra en un ciclo de influencias que, al igual que en el caso de las olas del mar o de las ondas de sonido, es común que entren en resonancia y amplifiquen así la extensión espacio-temporal en que son culturalmente incorporadas.

Livingstone nos dice que, de acuerdo con su modelo, los conceptos de dualidad e indeterminación en física cuántica resuenan con las reflexiones de Woolf sobre la multiplicidad de la identidad, de forma tal que decide usar conceptos y experimentos científicos al escribir sobre ésta y, de manera inversa, cuando Woolf y otros novelistas contemporáneos a ella escriben sobre la fluidez de la identidad, sus palabras resuenan con las reflexiones de los físicos, provocando que éstos enfaticen las implicaciones que la física cuántica tiene en la forma en que entendemos qué es la identidad.

Terminemos este capítulo con una palabra que, como ya nos lo dijo Woolf, es imposible que contenga la multiplicidad de su identidad, pero que hace justicia, con certidumbre plena, a un aspecto no menor de ella: en la miniserie de televisión basada en la novela *Las aventuras de un hombre cualquiera* de William Boyd y del mismo nombre que esta última, el hombre cualquiera del título amonesta a alguien: “No puedes llamar *novelista femenina* a Virginia Woolf. Ella es un genio”.

CIEN AÑOS DE SOLEDAD

GARCÍA MÁRQUEZ Y LOS OLVIDOS DE UN INSOMNIO Y LA INMORTALIZACIÓN DE UN CLÁSICO

Barney Glendenning (James Lance):
No soporto a [Isabel] Allende.
Clare Pettengill (Anne Dudek): Todo mundo sabe
que ella es mejor escritora, y todo mundo
sabe que el único libro decente que
Márquez escribió fue *Cien años de soledad.*
Barney: ¡Cállate! ¡Cállate! ¡Cállate! ¡Cállate!
The Book Group, Magical Realism (2002).

"... porque las estirpes condenadas a cien años de soledad no tendrían una segunda oportunidad sobre la tierra". No importa si es la segunda oportunidad, o la primera o la enésima, perder el sueño leyendo o releyendo a García Márquez para, paradójicamente, soñar con Macondo y toda la prole de los Buendía, rara vez puede calificarse como inoportuno... a menos que se trate de la peste del insomnio de la que intentaban librarse la pareja de indígenas Visitación y Cataure y a la que podríamos minimizar erróneamente al pensar, al igual que José Arcadio Buendía, que "Si no volvemos a dormir, mejor", pues "Así nos rendirá más la vida".

Mucho tienen que decir los científicos del sueño acerca de las graves consecuencias que no dormir tiene en nuestra salud y que, en el extremo y si somos los desdichados poseedores de un gen defectuoso que provoca la enfermedad bautizada como *insomnio familiar fatal*, nos conduce de manera progresiva (en un lapso promedio de año y medio) y sin curación posible al sueño eterno[1]. Sin embargo, desentendámonos de ellas

1 Y mucho tenemos que agradecer que, desde que en 1765 apareció el primer registro de un paciente con síntomas de ella en la literatura médica, el número de personas en todo el mundo con esta enfermedad de pesadilla sea de unas cuantas decenas. En febrero de 2020 sólo 50 familias la padecían (Khan, Z. y Bollu, P.C., 2020, *Fatal Familiar Insomnia*, *StatPearls* [Internet], Treasure Island (FL), StartPearls Publishing).

en estas páginas —y sólo en ellas— para concentrarnos en las peculiaridades de la imaginaria peste del insomnio que aquejó a los macondianos y que presentan varias similitudes con la demencia semántica, una enfermedad bastante real.

La primera mención a un paciente con demencia semántica data de 1892, y no fue sino en 1975 que Elizabeth Kerr Warrington (neuropsicóloga y una de las mayores expertas en el estudio de la demencia) describió a tres pacientes afectados por ella, quienes presentaban anomia progresiva (la anomia es un trastorno del lenguaje caracterizado por la incapacidad de recordar los nombres de las cosas), aunada a pérdidas en la comprensión de palabras e imágenes, pero sin incluir ningún trastorno fonológico o sintáctico del habla (en otras palabras, podían pronunciar y repetir en voz alta los nombres de las cosas de manera fluida y gramaticalmente correcta, como cualquier otra persona).

A principios de los años setenta Endel Tulving, pionero en el estudio de la memoria humana, propuso que los mecanismos cerebrales que nos permiten recordar eventos experimentados (como un atardecer en Vallarta durante ciertas vacaciones de verano) son diferentes de aquellos gracias a los cuales tenemos conocimiento sobre las palabras y lo que éstas significan; los primeros constituirían nuestra memoria episódica y los segundos nuestra memoria semántica.

Warrington consideró que un deterioro de memoria semántica era precisamente la característica más conspicua en su tríada de pacientes, pero fue hasta 1989 que la neuróloga Julie S. Snowden dio a este síndrome el actual nombre de demencia semántica. Estudios posteriores con imágenes de resonancia magnética han confirmado que este tipo de demencia se debe, en efecto, a daños en áreas cerebrales relacionadas con el funcionamiento de la memoria semántica.

Experimentos diseñados en el presente siglo por un grupo de neurólogos, con Katya Rascovsky a la cabeza, muestran que pacientes con demencia semántica tienden a reemplazar palabras específicas (como "silla") por términos más generales (como "mueble" o, más aún, "cosa"), y se les dificulta en extremo nombrar o asociar una palabra con la imagen correspondiente[2]. Aunque pueden copiar de manera más o menos exacta y detallada el dibujo de, por ejemplo, una vaca, al verla son incapaces de decir que se trata de este mamífero. Y si se les pide que, por ejemplo, dibujen un pez, un ave y un elefante a partir de lo que recuerdan de estos animales, olvidan añadir características tan distintivas como aletas, alas y trompa (además de colmillos y orejas, en este último).

Remedios macondianos contra la demencia semántica

> En fin, Gabito, para terminar, porque ando corrigiendo unas pruebas y muy apurado, una última inquietud, ahora sobre el título de tu libro genial. ¿Por qué le pusiste *Cien años de soledad* en vez de *Un siglo de ausencia* como el bolero?
>
> Fernando Vallejo

2 Rascovsky, K., Growdon, M.E., Pardo, I.R., Grossman, S. y Miller, B.L., 2009, 'The quicksand of forgetfulness': semantic dementia in One Hundred Years of Solitude, *Brain*, 132, 2609-2616.

No se duerman con estos cuadros clínicos enfermizos, fanáticos de Gabo y del realismo mágico[3], porque llegó el momento de compararlos con lo que, años antes (casi diez, muy lejos de cien) de que la neurología reconociese este trastorno, el autor de *Cien años de soledad* describió sobre "lo más temible de la enfermedad del insomnio", que "no era la imposibilidad de dormir", "sino su inexorable evolución hacia una manifestación más crítica: el olvido". De manera progresiva y entre otros recuerdos, al enfermo "empezaban a borrarse de su memoria los recuerdos de la infancia, luego el nombre y la noción de las cosas". Hay estudios que muestran que, al igual que los insomnes macondianos y en contraste con la amnesia típica de pacientes con Alzheimer, quienes padecen demencia semántica —además del ya citado deterioro que da nombre a este síndrome— tienen también una gran dificultad para recordar episodios de su infancia, mientras que su memoria autobiográfica reciente permanece intacta.

Cuando José Arcadio "le comunicó [a su hijo Aureliano] su alarma por haber olvidado hasta los hechos más impresionantes de su niñez", Aureliano le explica la estrategia que creó para combatir los trágicos efectos de la pérdida de la memoria: escribir en un papel el nombre de las cosas "de modo que le bastaba con leer la inscripción para identificarlas". Fue entonces que José Arcadio "Con un hisopo entintado marcó

3 Con perdón del crítico literario Christopher Domínguez Michael, quien opina que "medio mundo, merced a la cursilería sudamericana", llamamos Gabo a Gabo, "como si quien reinventó la lengua española fuera el hijo de la portera".

cada cosa con su nombre: mesa, silla, reloj, puerta, pared, cama, cacerola. Fue al corral y marcó los animales y las plantas: vaca, chivo, puerco, gallina, yuca, malanga, guineo". Previsor del "día en que se reconocieran las cosas por sus inscripciones, pero no se recordara su utilidad", en el letrero que colgó en el cuello de un bovino escribió: "Esta es la vaca, hay que ordeñarla todas las mañanas para que produzca leche y a la leche hay que hervirla para mezclarla con el café y hacer café con leche".

La estrategia de los Buendía coincide con la usada por pacientes con demencia semántica: escribir —no necesariamente con hisopos— listas de palabras para preservar el vocabulario que poco a poco van olvidando. Por ejemplo, la paciente L.H. (identificada con estas iniciales para proteger su intimidad) ha llenado incontables páginas con cientos de sustantivos seguidos de descripciones entre paréntesis de la categoría a la que pertenece cada palabra; por ejemplo: "pepino (comida)" y "Cincinnati" (ciudad). Para ayudarla a recordar la relación que existe entre diferentes palabras, L.H. las ha agrupado además en categorías que considera útiles, como: "cobertor, funda para almohada, sábana, cama".

Y en una más de esas ocasiones en que la realidad imita a la literatura, en *Cien años de soledad* tenemos que "En la entrada del camino de la ciénaga se había puesto un anuncio que decía Macondo y otro más grande en la calle central que decía Dios existe", en tanto que, en un planificador anual del paciente identificado como R.B. por Katya Rascovsky y sus colaboradores, podemos apreciar que, después de enlistar todos los lugares en que había vivido durante un periodo de 32 años como, en palabras de los neurólogos, "un recordatorio físico de su identidad en diferentes épocas" (última de las pérdidas sufrida por los aquejados por la peste del insomnio, no lo olvidemos), como nota a pie de página agregó: "Belén = Jesús nació", con lo que, tanto para R.B. como para los macondianos con su letrero que declara la existencia de Dios, resalta y resulta manifiesta la importancia de la religión en su vida y como parte de su identidad.

Como solución definitiva para combatir los estragos de la peste del insomnio, José Arcadio "decidió entonces construir la máquina de la memoria". "El artefacto se fundaba en la posibilidad de repasar todas las mañanas, y desde el principio hasta el fin, la totalidad de los conocimientos adquiridos en la vida". Katya Rascovsky y sus colegas opinan que las libretas de pacientes como L.H. y R.B. no son nada más, ni nada menos, que sus propios intentos de construir esa máquina de la memoria que imaginó García Márquez que imaginó José Arcadio, en esos tiempos en los que aún no era posible olvidar lo que todavía carecía de nombre.

Cómo se hace un clásico en menos de cien años

El tren corre rápido, devora el bosque
¡Ay, madre! Está llegando un tren de extraños pasajeros.
El circo llega a la plaza y el pueblo despierta,
y todo el mundo sube para dar la bienvenida

Arcadio y Pablo Márquez están en fila con tatuajes,
Y el pequeño Buendía está en el vagón con el hielo... [4]

Macondo Express (Modena City Ramblers, 1997)

Muchos años después, frente a la legión de editores, críticos y lectores de García Márquez, la sociología había de recordar aquellos tiempos no tan remotos en que *Cien años de soledad* comenzó a convertirse en un clásico del siglo XX.

¿Puede la ciencia explicar el proceso por el cual una pintura, una escultura, un libro o cualquier otra obra de arte deja de ser "sólo" una obra de arte, e incluso una gran obra de arte, e inclusive una obra maestra, ejemplar, canónica, y adquiere el estatus de obra clásica? La respuesta es negativa si se interroga a las ciencias exactas, pero preguntemos a un sociólogo como Álvaro Santana Acuña, y éste de inmediato sacará la caja de herramientas metodológicas propias de su disciplina científica[5] y, con los pelos de la burra (y no de

4 En italiano con un toque de español, en el original, vale la pena escucharla: "Il treno corre forte si divora la foresta / ¡Ay, madre! Está llegando un tren de *extranos* pasajeros / Il circo arriva in piazza ed il villaggio si risveglia. / Y todo el mundo sale para *dal* la bienvenida. / Arcadio e Pablo Márquez sono in fila dai tatuaggi, /E il piccolo Buendia è sul vagone con il ghiaccio..."

5 Que estudia, entre otras cosas, fenómenos artísticos, como el que aquí nos compete, que tienen lugar en las sociedades humanas, tomando en cuenta el contexto y los cambios históricos y culturales durante los cuales ocurren.

esas con las que los "cristianos corrompidos" hacían "sus cosas", según se enteró José Arcadio Segundo) en la mano —además de datos provenientes de 56 países—, nos proporcionará una respuesta que, si bien no nos permitirá escribir un clásico del siglo XXI, sí nos ayudará a entender el conjunto de rasgos y condiciones que debe reunir una novela como *Cien años de soledad* para tomar su lugar en el estante de los clásicos.

Santana Acuña señala que una obra literaria se convierte en un clásico cuando: 1) *trasciende* el contexto organizacional en el cual fue inicialmente producida y consumida; y 2) hay una *apropiación* de su contenido por organizaciones sociales que no participaron en su producción[6]. Esto quiere decir que el libro es leído por otros grupos de personas (*organizaciones sociales*, en jerga sociológica) que comparten opiniones, valores, intereses y visiones del mundo que difieren de las compartidas por el grupo de personas (autor incluido) para quienes originalmente fue escrita la obra, y que, a pesar de esto y a través de sus propias interpretaciones de la novela, encuentran que lo contenido en sus páginas tiene sentido para ellas. Si la pregunta clave es ¿cuándo sucede esto?, responder "cuando los temas tratados por el escritor son universales" es, además de un cliché, incorrecto de acuerdo con Santana Acuña.

Santaña Acuña menciona que el contexto cultural de cada generación de nuevos lectores ocasiona que diferentes organizaciones sociales (aprovechemos el

6 Santana Acuña, A., 2014, How a literary work becomes a classic: The case of One Hundred Years of Solitude, *American Journal of Cultural Sociology*, 97-149.

concepto sociológico de la frase) deban concordar en qué es lo que consideran como "universal", de manera que, cuando hablamos de contenidos "universales" en una obra literaria, en realidad nos estamos refiriendo a universales *condicionales*.

Como, en palabras del sociólogo, "pocos objetos culturales tienen *significados* tan disputados, inestables y cambiables como los clásicos", los lectores de distintos lugares y diferentes épocas tienen que ponerse continuamente de acuerdo sobre el *sentido* que tiene para ellos, digamos, la saga de la familia Buendía. Y, aunque aquí es necesario aclarar que con sentido y significado nos referimos a dos cosas distintas, para entender y ejemplificar la diferencia entre ambos términos lo mejor en nuestro caso es introducir el concepto de *indexical* o *expresión indéxica*.

Un indexical es una expresión que no tiene un significado inequívoco; en vez de ello, su sentido depende del contexto en el que se enuncia. Por ejemplo, cuando escribo "aquí", ¿a qué me refiero con ello? ¿"Aquí" es esta línea, esta página, este libro, este país en el que el lector está leyendo esto, este planeta...?

De manera similar, en la literatura podemos encontrar expresiones indexicales para dar y regalar, como la archiconocida frase de Hamlet: "ser o no ser", sobre cuyo significado seguirán discutiendo científicos y humanistas por cien veces cien años (si, crucemos los dedos, las obras de Shakespeare y la especie humana siguen *aquí*) a la vez que, siglos después de haber sido pronunciada por el primer actor en el papel del príncipe danés, lo que escribió el bardo de Avón continúe teniendo sentido para todos aquellos que la han leído o escuchado alguna vez, trátese de un ama de casa rusa, un mesero argentino, un taxista mexicano o de la combinación de nacionalidad y oficio que más prefiera el lector.

Mediante lo que se conoce como *análisis de indexicales* es posible estudiar el proceso por el cual una obra artística sigue teniendo sentido para diferentes grupos sociales a través de los cambios culturales en tiempo y espacio, y a pesar de todos los cambios en el significado de su contenido. El análisis indexicológico que Santana Acuña hizo a *Cien años de soledad* le permitió evidenciar la transformación de enunciados (como el íncipit de la novela), eventos (como la ascensión de Remedios la bella) y de lugares (como Macondo) en indexicales literarios y, en una transformación que es exclusiva de los clásicos, la *desincrustación* de la novela de su contexto original. Dicho de otra forma y teniendo en mente la literatura: los clásicos son los únicos libros que producen indexicales que, geográfica e históricamente, van más allá de los lectores vernáculos del autor de la obra.

Nuestro solitario sociólogo recopiló más de cinco mil indexicales provenientes de escritores, artistas no-escritores, críticos, académicos, figuras públicas y lectores de 56 países, en nueve idiomas, y correspondientes a un periodo de 18 años (1996 a 2013) y determinó que, aunque todas estas audiencias siguen sin ponerse de acuerdo en su significado preciso, coinciden en seis indexicales, tres de los cuales son elegidos por el autor para su discusión en extenso: Gabriel García Márquez, *Cien años de soledad* y Macondo. De estos tres, quedémonos con el último para ejemplificar, gracias al estudio de Santana Acuña, cómo Macondo pasó de ser un pueblito colombiano de ficción a algo universal (universal condicional, es cierto, mas universal a final de cuentas).

En casi medio siglo las seis diferentes audiencias contempladas por Santana Acuña se han apropiado de múltiples sentidos de Macondo y han logrado que este, más que lugar, estado de ánimo (parafraseando al Gabo), trascienda como sólo los clásicos pueden hacerlo, al generar al menos estos cuatro patrones:

1. Experiencias vividas. Macondo ha sido usado como indexical sobre sucesos de actualidad y para nombrar objetos de la vida diaria. Mientras que el escritor argentino Anderson Imbert ve en Macondo a Latinoamérica en los setenta, inmersa en dictaduras y violencia, el escritor japonés Kōbō Abe nos dice que este pueblo "ya no es más una región sino que se ha convertido en una pregunta contemporánea" y el documentalista Jo Durden—Smith propone rebautizar como Moscú-Macondo a la capital de la Rusia poscomunista. Con este nombre han sido bautizados un movimiento literario (McOndo), una fundación estadounidense, un tarot español, varias canciones y un balón de futbol.
2. Universalización. Macondo ha pasado a ser un indexical, ya no de la historia de los Buendía, sino de la historia de la humanidad entera. El académico James Higgins dice que es "un microcosmos de un mundo más grande"; la traductora húngara Vera Skézács, que "Macondo es eterno", y el político colombiano Bell Lemus arguye que *macondiano* es "un adjetivo universal, tal como quijótico y kafkiano".

3. Valoración artística. Aunque "Nada parecido a Macondo existe en la literatura mundial", según el académico José Saldívar, hay quienes ven en Macondo similitudes con otros lugares imaginarios, como el Combray de Marcel Proust y *En busca del tiempo perdido* o el condado de Yoknapatawpha de William Faulkner, y los colocan a un mismo nivel literario.
4. Criticismo atrincherado. No obstante ser detractores de Macondo, lo irónico es que con sus críticas contribuyen aun más a que la obra sea un clásico. Mientras que el crítico colombiano Mejía Duque habla de "la plaga del macondismo", un lector anónimo concluye que Macondo "es claramente una palabra con la que los lectores no pueden relacionarse directamente".

En El *olor de la guayaba*, García Marquez advierte:

> "Me disgustan los críticos porque, en general, con una investidura de pontífices y sin darse cuenta de que una novela como *Cien años de soledad* carece por completo de seriedad y está llena de señas a los amigos más íntimos, señas que solo ellos pueden descubrir, asumen la responsabilidad de descifrar todas las adivinanzas del libro corriendo el riesgo de decir grandes tonterías".

Estudios como los expuestos en este capítulo muestran que, a diferencia de *Cien años de soledad*, la advertencia del Gabo no tuvo mayor trascendencia, pues hace mucho ya que, junto con los críticos literarios, y junto con los sociólogos y otros científicos, millones de lectores nos hemos apropiado de su obra y del resto de los clásicos que forman el libro que acabas de terminar.

Ciencia y literatura entre comillas

Las citas o fragmentos de obras de escritores de ficción que hablan sobre ciencia y literatura están en negritas con el único objetivo de reconocerlas más fácilmente. Esto excluye a ornitorrincos que se formaron en ciencias, y que decidieron dedicarse en parte o por completo a las letras.

... ¿no quiere obras de literatura contemporánea? Tenemos algunas que han causado bastante ruido estos últimos años; no se han vendido mal para ser libros de poesía...
¡Ah! —exclamó Michel, interrumpiéndole—, ¿tienen poesía moderna?
Por supuesto. Y, entre otras, *Las armonías eléctricas*, de Martillac, obra premiada por la Academia de Ciencias, las *Meditaciones sobre el oxígeno*, de M. de Pulfasse, El *paralelogramo poético*, las *Odas descarbonatadas*...
Michel no pudo escuchar más. Volvió a la calle aterrado, estupefacto. ¡Esa brizna de arte no había escapado del influjo pernicioso de su tiempo! ¡La ciencia, la química y la mecánica irrumpían en el dominio de la poesía!
Julio Verne, *París en el siglo XX*.

"Euler podía repetir *La Eneida* de principio a fin, y él incluso podía decir la primera y la última línea de cada página de la edición que usaba. En una de sus obras hay una lección aprendida sobre un tema de Mecánica, del cual, como él mismo nos dice, un verso de *La Eneida* le dio la primera idea".
David Brewster (creador de la mineralogía óptica: el estudio de los minerales con ayuda del microscopio).
El verso en cuestión que puso en movimiento la mente físico-matemática de Leonhard Euler es "El ancla cae, la quilla que avanzaba se detiene".

"Los hombres hablan a veces como si el estudio de los clásicos tuviera que abrir paso a otros estudios más modernos y prácticos; pero el estudiante aventurero siempre estudiará los clásicos, cualquiera que sea el idioma en que estén escritos y pese a la antigüedad que puedan tener. Porque, ¿qué son los clásicos sino los más nobles pensamientos registrados por el hombre? Son los únicos oráculos que no han decaído, y hay tales respuestas a la investigación más moderna en ellos que las que nunca dieron Delfos y Dodona..."
Henry David Thoreau (poeta y filósofo), *Walden*.

"El hecho de que los científicos no practican conscientemente una metodología formal es una evidencia muy pobre de que tal metodología no exista. Se podría decir —se ha dicho— que hay una metodología distintiva de la ciencia que los científicos practican inadvertidamente, como el personaje de Molière que se dio cuenta de que toda su vida, sin saberlo, había estado hablando en prosa".
Peter B. Medawar (Premio Nobel de Fisiología o Medicina y divulgador científico), *La inducción y la intuición en el pensamiento científico*.

"La ciencia y la literatura me dan respuestas. Y me hacen preguntas que nunca seré capaz de responder".
Mark Haddon (escritor, autor de El *curioso incidente del perro a medianoche*).

"Hay auténtica poesía en el mundo real. La ciencia es la poesía de la realidad".
Richard Dawkins (biólogo y divulgador científico), Los *enemigos de la razón*.

"Yo crecí siendo indiferente a la distinción entre literatura y ciencia, las cuales durante mi adolescencia eran simplemente dos lenguajes de formación que yo aprendí a la vez".
Jacob Bronowski (matemático y divulgador científico), Los *orígenes del conocimiento y la imaginación*.

"Pienso que la imaginación está en el corazón de todo lo que hacemos. Los descubrimientos científicos no podrían haber ocurrido sin imaginación. El arte, la música y la literatura no podrían existir sin imaginación. Así que todo lo que fortalece la imaginación, y leer ciertamente lo hace, puede ayudarnos por el resto de nuestras vidas".
Lloyd Alexander (escritor, autor de la saga fantástica *Las crónicas de Prydain*)

"La ciencia y la literatura no son dos cosas, sino dos caras de una misma cosa".
Thomas Huxley (biólogo, apodado, con toda razón, "El bulldog de Darwin").

"La medicina es mi esposa legal y la literatura mi amante. Cuando me canso de una me paso la noche con la otra".
Antón Chéjov (sobra decir lo primero: escritor y médico), *Consejos a un escritor*.
"En ciencia, lee, de preferencia, las obras más nuevas; en literatura, las más viejas. La literatura clásica siempre es moderna".
Edward Bulwer-Lytton (escritor británico, algo más conocido por otra de sus citas: "La pluma es más poderosa que la espada").

"Como programador y como escritor, siempre mantuve un pie en cada mundo. Por años, no entendía cómo podrían convergir ambos mundos. Estudié las humanidades para entender lógica y programación, y estudié las ciencias para entender lenguaje y literatura".
David Auerbach (escritor e ingeniero de software), *Bitwise: A Life in Code*.
"Comencé estudiando literatura. [...] La ciencia no hablaba sobre libros que habían sido escritos para analizar otros libros que habían sido originalmente escritos como relecturas de libros antiguos; hablaba acerca de lo que estaba sucediendo ahora y de un futuro que aún podría ser".
Hope Jahren (geoquímica), *La memoria secreta de las hojas*.

"La ciencia puede explicar cómo los humanos llegaron a serlo, pero no tiene respuestas para la escurridiza pregunta de cómo los humanos debieran vivir. Sólo la literatura hace posible plantear tales preguntas en primer lugar. Y si no hay respuesta, sólo la literatura puede apuntar a la imposibilidad de alguna vez hallarla".
Minae Mizumura (escritora), *The Fall of Language in the Age of English*.

"Los vientos, el mar y las mareas cambiantes son lo que son. Si hay asombro y belleza y majestad en ellos, la ciencia descubrirá estas cualidades. Si no las hay, la ciencia no puede crearlas. Si hay poesía en mi libro sobre el mar, no es porque deliberadamente la puse ahí, sino porque nada podría escribir verazmente sobre el mar y dejar fuera la poesía. [...] El propósito de la ciencia es descubrir e iluminar la verdad. Y eso, supongo, es el objetivo de la literatura, trátese de biografía o historia o ficción. Me parece, entonces, que no puede separarse a la literatura de la ciencia"
Rachel Carson (bióloga marina y ecologista) en su discurso de aceptación del National Book Award para no ficción por su obra de divulgación El *mar que nos rodea*.

"En el universo infinito de la literatura se abren siempre otras vías que explorar, novísimas o muy antiguas, estilos y formas que pueden cambiar nuestra imagen del mundo... Pero si la literatura no basta para asegurarme que no hago sino perseguir sueños, busco en la ciencia alimento para mis visiones, en las que toda pesadez se disuelve".
Italo Calvino, *Seis propuestas para el próximo milenio*.

"¿Qué me he perdido, como ser humano, si nunca he oído de la Segunda Ley de la Termodinámica? La respuesta es: Nada. ¿Y de qué me pierdo por no conocer a Shakespeare? A menos que mi comprensión provenga de otra fuente, simplemente pierdo mi vida. ¿Debemos decir a nuestros hijos que una cosa es tan buena como la otra? ¿Un poco de conocimiento de física por aquí, y uno poco de conocimiento de literatura por allá? Si lo hacemos así, los pecados de los padres afectarán a los hijos hasta la cuarta generación, porque ese es el tiempo que normalmente toma desde el nacimiento de una idea hasta su plena madurez, cuando llena las mentes de una nueva generación y los hace pensar en él. La ciencia no puede producir ideas por las que podamos vivir".
Ernst Friedrich Schumacher (economista), *Lo pequeño es hermoso: Economía como si la gente importara*.

"La gente siempre está diciendo estas cosas sobre cómo ya no es necesario leer literatura, que eso no ayudará al mundo. Todos aparentemente deberían aprender a hablar mandarín, y aprender cómo escribir códigos para computadoras. Más gente joven debería estar en áreas STEM: Ciencia, tecnología, ingeniería y matemáticas.
Y todo esto suena verdadero y razonable. Pero no puedes decir que lo que aprendes en la clase de Literatura no importa. Que la gran escritura no hace la diferencia.
Soy diferente [por leer literatura]. Es difícil ponerlo en palabras, pero es verdad.
Las palabras importan"
Meg Wolitzer (novelista), *Belzhar*.

"La ciencia dura da resultados sensacionales mediante un proceso terriblemente aburrido; la filosofía da resultados aburridos mediante un proceso sensacional; la literatura da resultados sensacionales mediante un proceso sensacional; y la economía da resultados aburridos mediante un proceso aburrido".
Nassim Nicholas Taleb (filósofo, escritor y, ¿cómo no?, matemático financiero), *El lecho de Procrusto: Aforismos filosóficos y prácticos*.

"El mundo de la ciencia y el mundo de la literatura tienen mucho en común. Cada uno de ellos es un club internacional, ayudando a unir a la humanidad a través de barreras de nacionalidad, raza y lenguaje. Yo he sido doblemente afortunado al ser aceptado como un miembro de ambos".
Freeman Dyson (físico y divulgador científico), *De Eros a Gaia*.

"Jubilosamente... avancemos juntos, hombres de letras y hombres de ciencia, cada vez más adentro de las siempre crecientes regiones de lo desconocido".
Aldous Huxley (escritor, autor de *Un mundo feliz*), *Literatura y ciencia*.

"La ciencia es considerablemente más estimulante para la imaginación que los clásicos".
John B.S. Haldane (biólogo, por supuesto), *Daedalus, or Science and the Future.*

"Los críticos [literarios] sienten que una persona no puede ser un artista serio y haber tenido también una educación técnica, la cual tuve. Sé que habitualmente los departamentos de literatura en las universidades, sin saber qué están haciendo, enseñan a temer al departamento de ingeniería, al departamento de física, al departamento de química. Y este miedo, creo, se traspasa a la crítica. La mayoría de nuestros críticos son producto de los departamentos de literatura y desconfían de cualquiera que tenga interés en la tecnología. Así que, como sea, yo era un estudiante de química, pero siempre terminé como maestro en los departamentos de literatura, así que llevé el pensamiento científico a la literatura. Ha habido muy poca gratitud por esto".
Kurt Vonnegut (escritor), *Un hombre sin patria*

"No estoy seguro de qué será lo que más influya en el legado que dejamos, pero estoy seguro de que es un grave error ignorar el aspecto cultural de nuestra tradición científica. Al final, lo que la ciencia hace es cambiar la forma en que pensamos acerca del mundo y de nuestro lugar en él. Ser científicamente analfabeto es permanecer esencialmente inculto. Y la principal virtud de la actividad cultural —sea arte, música, literatura o ciencia— es la manera en la que enriquece nuestras vidas".
Lawrence M. Krauss (físico), *Miedo a la física: Una guía para perplejos.*

"Siempre he sentido que las historias más grandes y las más hermosas en la historia de la humanidad no serían cantadas por bardos errabundos o escritas por dramaturgos y novelistas, sino contadas por la ciencia. Las historias de la ciencia son mucho más maravillosas, imponentes, profundas, emocionantes, extrañas, aterradoras, misteriosas, e incluso emotivas, comparadas con las historias contadas por la literatura. Lo único es que estas maravillosas historias están guardadas en frías ecuaciones que la mayoría no sabe cómo leer".

Liu Cixin (ingeniero y escritor), *El problema de los tres cuerpos*.

—¿Entonces hay que ser honesto y buena persona para escribir ficción?

—No. Hay que tener oficio. La verdad emocional no es una cualidad moral, es una técnica.

—Habla usted como un científico —protestó Isabella.

—La literatura, al menos la buena, es una ciencia con sangre de arte. Como la arquitectura o la música.

—Yo pensaba que era algo que brotaba, así, de pronto.

—Lo único que brota así de pronto es el vello y las verrugas.

Carlos Ruiz Zafón (escritor), *El juego del ángel*

Epílogo

> Linus: Cuando Leo Tolstói estaba escribiendo *Guerra y paz*, su esposa, Sofía, la copió para él siete veces. Y ella lo hizo a la luz de una vela, y con una plumilla. Y, a veces, ella tenía que usar una lupa para descifrar lo que había escrito.
> Charlie Brown: Linus, yo, en realidad…
> Linus: Tuvo que hacerlo luego de poner a su hijo en su cama, y de que los sirvientes se habían ido a sus buhardillas, y de que hubiera silencio en la casa. Sólo piénsalo, Charlie Brown, ella escribió el libro siete veces con una plumilla, ¿y tú me estás diciendo que no puedes leerlo ni siquiera una vez?
> *Feliz año nuevo, Charlie Brown* (1986)

El ratón de biblioteca oprimió el botón izquierdo del *mouse* y, con un suspiro, dijo a su amiga:

—¡Ya está! Con esto terminamos. Disfruté mucho nuestras charlas de ciencia y literatura. Es una lástima que debas volver a tu laberinto habiendo aún tanto por leer e investigar.

La rata de laboratorio tardó en responder, pues estaba escuchando a Modest Mouse (una banda de rock que acababa de descubrir).

—¿Sabes algo? —dijo con decisión—. Creo que ya sé qué es lo que vamos a hacer durante las próximas vacaciones, cuando llegue el invierno.

Y, mientras sacudía el polvo de una caja que ocupaba una mesa por entero, y abría la tapa para mostrar el contenido a su amigo, una esópica sonrisa se iba haciendo cada vez más ancha en el rostro de cada roedor.

Agradecimientos

Hace muchos años ya que deseaba escribir este libro, y guardando las inmensas desproporciones, me enfrenté a dos de los problemas más comunes para todo escritor (clásicos incluidos, y trátese de ficción, divulgación o del género que sea): tener tiempo para hacerlo y contar con alguien que quiera publicarlo. Tener la garantía de lo segundo ayuda bastante a hacerse espacio para lo primero, y fue sólo gracias a mi editor *planetario*, Federico Ponce de León, que logramos hacer realidad este quijotesco entrecruce de ciencia y literatura. Si el texto fluye ágilmente y sin cortarse con continuas intervenciones mías es gracias a su experiencia, conocimiento y habilidad editoriales.

Mi editor y yo siempre quisimos incluir ilustraciones, y que éstas *ilustraran*, claro, algunas de las ideas principales de cada capítulo. Anteriormente varios lectores de otros libros míos me habían señalado que, para fortuna suya y mía, mi no siempre logrado humor era salvado sin falta por las interpretaciones de Sergio Neri. Si han de juzgar esta obra por su portada y por los monitos contenidos en ella, no puedo estar más tranquilo y agradecido con el también creador del *Lobasutra*.

Gracias también a todos los que integran el equipo editorial de Planeta y, por supuesto, a ustedes, lectoras y lectores, por permitir que, más que ocupar un lugar entre los clásicos, *En un lugar de la ciencia...* esté destinado a que la investigación científica y los clásicos ocupen un lugar en ustedes.

El autor

Luis Javier Plata Rosas (Ciudad de México, 1973) es doctor en Oceanografía Costera y profesor de la Universidad de Guadalajara. Ganador del Premio Estatal de Ciencia, Tecnología e Innovación de Jalisco (2013-2014) y finalista (2º lugar, 2015-2016). Mención Especial en el Primer Concurso Internacional de Divulgación Científica Ciencia que Ladra-La Nación (Buenos Aires, Argentina, 2013) por *El teorema del Patito Feo*. Es conferencista del programa *Domingos en la Ciencia* de la Academia Mexicana de Ciencias. Ha publicado más de novecientos ensayos, artículos, crónicas, cuentos y novelas en los que la ciencia es el tema central. Es colaborador de las revistas *Nexos* (Sobre ciencia, en teoría), *¿Cómo ves?* (¿Será?) y *TecReview* (Desmitificaciones). Autor de dieciocho libros, entre ellos *El curioso caso de la especie sinnombre* (UDG, 2019), *La ciencia y los monstruos* (Siglo XXI, 2019). Con Grupo Planeta ha publicado *Mariposas en el cerebro: cuarenta aleteos sobre ciencia* (2012) y *La física del Coyote y el Correcaminos* (2016).

Impreso en los talleres de Impresora Tauro, S.A. de C.V.
Av. Año de Juárez 343, Col. Granjas San Antonio,
Iztapalapa, C.P. 09070, Ciudad de México
Impreso y hecho en México / *Printed and made in Mexico*